上海三联人文经典书库

国家出版基金项目
NATIONAL PUBLICATION FOUNDATION

上海三联人文经典书库
93

文艺复兴时期的历史意识

[英] 彼得 · 伯克 著
杨贤宗 高细媛 译

THE RENAISSANCE SENSE OF THE PAST

SJPC
上海三联书店

“十三五”国家重点图书出版规划项目

国家出版基金资助项目

总　　序

陈　恒

自百余年前中国学术开始现代转型以来,我国人文社会科学研究历经几代学者不懈努力已取得了可观成就。学术翻译在其中功不可没,严复的开创之功自不必多说,民国时期译介的西方学术著作更大大促进了汉语学术的发展,有助于我国学人开眼看世界,知外域除坚船利器外尚有学问典章可资引进。20 世纪 80 年代以来,中国学术界又开始了一轮至今势头不衰的引介国外学术著作之浪潮,这对中国知识界学术思想的积累和发展乃至对中国社会进步所起到的推动作用,可谓有目共睹。新一轮西学东渐的同时,中国学者在某些领域也进行了开创性研究,出版了不少重要的论著,发表了不少有价值的论文。借此如株苗之嫁接,已生成糅合东西学术精义的果实。我们有充分的理由企盼着,既有着自身深厚的民族传统为根基、呈现出鲜明的本土问题意识,又吸纳了国际学术界多方面成果的学术研究,将会日益滋长繁荣起来。

值得注意的是,20 世纪 80 年代以降,西方学术界自身的转型也越来越改变了其传统的学术形态和研究方法,学术史、科学史、考古史、宗教史、性别史、哲学史、艺术史、人类学、语言学、社会学、民俗学等学科的研究日益繁荣。研究方法、手段、内容日新月异,这些领域的变化在很大程度上改变了整个人文社会科学的面貌,也极大地影响了近年来中国学术界的学术取向。不同学科的学者出于深化各自专业研究的需要,对其他学科知识的渴求也越来越迫切,以求能开阔视野,迸发出学术灵感、思想火花。近年来,我们与国外学术界的交往日渐增强,合格的学术翻译队伍也日益扩大,同时我们也深信,学术垃圾的泛滥只是当今学术生产面相之一隅,高质量、原创作的学术著作也在当今的学术中坚和默坐书斋的读书种子中不断产生。然囿于种种原因，人文社会科学各学科的发展并不平衡，学术出版方面也有畸轻畸重的情形（比如国内还鲜有把国人在海外获得博士学位的优秀论文系统地引介到学术界）。

有鉴于此，我们计划组织出版“上海三联人文经典书库”，将从译介西学成果、推出原创精品、整理已有典籍三方面展开。译介西学成果拟从西方近现代经典（自文艺复兴以来，但以二战前后的西学著作为主）、西方古代经典（文艺复兴前的西方原典）两方面着手；原创精品取“汉语思想系列”为范畴，不断向学术界推出汉语世界精品力作；整理已有典籍则以民国时期的翻译著作为主。现阶段我们拟从历史、考古、宗教、哲学、艺术等领域着手，在上述三个方面对学术宝库进行挖掘，从而为人文社会科学的发展作出一些贡献，以求为21世纪中国的学术大厦添一砖一瓦。

致谢

我们要为版权材料的使用感谢以下单位：巴兹尔·布莱克维尔出版社(Basil Blackwell, pp. 5 - 6[①])；鲍利海出版公司(The Bodley Head, pp. 132 - 133,135)；剑桥大学出版社(Cambridge University Press, pp. 68 - 69)；芝加哥大学出版社(University of Chicago Press, pp. 21 - 23)；哥伦比亚大学出版社(Columbia University Press, pp. 14 - 16,84 - 85,86 - 87)；哈佛大学出版社(Harvard University Press)和海恩曼出版公司(Heinemann, pp. 131 - 132)；拉泰尔扎和菲格利股份公司(G. Laterza and Figli, S. P. A. , pp. 8,125 - 126)；新英语图书馆(The New English Library, pp. 81 - 82)；马丁努斯·奈霍夫出版社(Martinus Nijhoff, N. V. , p. 70)；企鹅图书公司(Penguin Books Ltd. , pp. 8 - 9,42 - 43,77 - 80,110 - 111,132 - 133,135,137 - 138,140 - 141)；桑索尼出版社(G. C. Sansoni, pp. 119 - 120)；西蒙和舒斯特尔公司(Simon and Schuster Inc. , pp. 90 - 91,108 - 109,111 - 117)以及耶鲁大学出版社(Yale University Press, pp. 12,55 - 58)。

未标明的翻译材料出自彼得·伯克本人。

① 本书边页码。书中提及的页码均为原著页码，本书边页码。——译者注

致谢

目　录

前　言

本书并非就所关注的西欧1350年至1650年这个时代历史写作的一般研究，而是意在厘清那个时期历史思想的两三个方面，也许是最重要的方面。同样，论述中世纪的第一章节也不应当视为对中世纪史学家的一般评述。它主要起一种反衬的作用，通过对比来定义我所认为的文艺复兴时期历史思想的关键特征。我确信中世纪史学家如同我描述的那样，但从另一个角度来看，谈论他们不是最重要的事情。中世纪史学家无意也无法成为文艺复兴时期史学家；他们意在他物。这一点也适用于古典时期的历史思想章节以及中国部分，通过与它们的比较和对比，来阐明文艺复兴时期。

感谢休·特雷弗-罗珀(Huge Trevor-Roper)教授鼓励一位研究生的史学兴趣；感谢迪肯斯(A. G. Dickens)教授和休·卡尼(Huge Kearney)博士阅读打印稿并提出改进建议；感谢讨论第二章前期草稿的"休谟社"成员；感谢克里斯·斯特雷(Chris Stray)阅读了第六章；感谢利奥波德·埃特林格(Leopold Ettlinger)教授、费利克斯·吉尔贝特(Felix Gilbert)教授、约瑟夫·莱文(Joesph Levine)教授、弗里茨·利维(Fritz Levy)教授和约翰·波科克(John Pocock)教授在具体细节上的帮助。

前言

第一章　中世纪的历史思想 1

1

本书关注的是“历史意识”。历史意识是一个复杂的概念，我给它的定义包括三要素，各要素可以独立存在。第一要素可称作时序意识；第二，证据意识；第三，对因果关系的兴趣。这种历史意识在很大程度上成为我们文化的一部分，我指的是约自 1800 年以来的西方文化。但我想表明历史意识产生于文艺复兴时期（15 世纪的意大利，16 世纪和 17 世纪初的其他地方），中世纪尚没有。换句话说，这或许有些令人诧异，不论（或是因为）在其他领域的伟大成就，400 年至 1400 年的整整一千年里，即便在有教养的人那里也没有“历史意识”；事实上，三要素中的每一样都是普遍地缺乏，而不只是三者整体上的缺乏。在思考文艺复兴之前，这些重大的论点还有待证实。

其一，时序意识，或历史透视意识，或变化意识，或过往意识。中世纪人没有意识到过去本质上不同于现在。他们并不否认过去在某些方面不同于现在；如他们知晓古人不是基督徒，但他们没有认真对待其间的差异。

缺乏透视意识的典型事例可见于 13 世纪编年史家里科达诺·马莱斯皮尼（Ricordano Malespini）的《佛罗伦萨史》（*Florentine History*）。马莱斯皮尼描述了卡蒂利内（Catiline）的人生经历，在杀死其丈夫后，娶了那位名叫贝利西娅（Belisea）的女子。她的女儿被一位百夫长带走。一天，“复活节的早上，当贝利西娅王后在菲耶

索莱(Fiesole)教堂做弥撒的时候”,百夫长上前和她说话。马莱斯
2 皮尼也许不会想到卡蒂利内是一位国王;他可能没考虑到其他社会的政治机构形式与他的社会是否不同。但他确实知道卡蒂利内先于基督;二十页后,他谈到卢卡(Lucca)“在圣母马利亚生下基督时”被称作卢卡。而他却让“王后”去做“弥撒”,这是一个极其明显的没有过往意识的事例。

隐含的事例不胜枚举。在一次15世纪的韦克菲尔德(Wakefield)盛会中,希律王(Herod)“以天堂里的马洪(Mahoun)”宣誓:穆罕默德(Mohammed)没有被视为一位历史人物,更没有被视作生活在希律王后的人物。一部15世纪考文垂(Coventry)戏剧在谈及亚历山大大帝(Alexander the Great)时说,“那是骑士精神的获胜”。根本没有意识到骑士制度和骑士精神的价值不是古代的。12世纪的克雷蒂安·德·特鲁瓦(Chrétien de Troyes)和15世纪的利德盖特(Lydgate)断言“骑士身份”开始于希腊,后传到罗马。14世纪的九贤(the Nine Worthies)崇拜同样地吸收了三种文化的英雄:赫克托(Hector)、凯撒(Caesar)、亚历山大(Alexander);约书亚(Joshua)、大卫(David)、犹大·马加比(Judas Maccabeus);亚瑟(Arthur)、查理曼(Charlemagne)和布永的戈弗雷(Godfrey of Bouillon)。此外,德国皇帝被认为是与奥古斯都(Augustus)相同的角色,亚里士多德(Aristotle)被看作一位教师,一位“教士”。这种思维方式的绝佳证据不是文字的而是图画的,因为图画不会使特征模糊,只会使其清晰;亚历山大大帝或摩西在中世纪美术中被描绘成骑士,身着那个时代的甲胄。

中世纪对待往昔态度的三个重要事例,表明对历史方法的无知、缺乏历史好奇心,那就是他们对待废墟、对待《圣经》和对待法律的态度。

以罗马废墟为例。它们在12世纪便被注意到在那,被视为“奇迹”,但被当作先在的。似乎没有人想要知道它们是如何在那儿,何时建造,或建筑风格为何与他们自己的不同。他们做得最多的是讲述地名的故事或解释性传说。

《罗马城奇迹》(*Marvels of the City of Rome*)是1150年前后的佚名著作，我摘录其中一处描述性文字和一处解释性文字。

> 剧院有这些：位于地下墓穴的提图斯(Titus)和韦帕芗(Vespasian)剧院；位于第七层的塔克文(Tarquin)和皇帝剧院；位于圣劳伦斯的庞贝(Pompey)剧院；紧邻安东尼努斯桥的安东尼努斯(Antoninus)剧院；圣马利亚剧院附近的亚历山大剧 3
> 院；靠近克雷申蒂乌斯(Crescentius)城堡的尼禄(Nero)剧院；以及弗拉米尼(Flaminian)剧院。
>
> 圣马可教堂有座拱门，被称为肉手(Hand of Flesh)，因为当时罗马城一位虔诚的夫人露西(Lucy)由于信仰基督教而受到戴克里先(Diocletian)皇帝的折磨，他命令她躺下并将其殴打致死；人们目睹了打击她的戴克里先皇帝变成了石头，而他的手直到第七天依然是肉身的；由此那个地方至今被称作肉手。
>
> 《罗马城奇迹》(*Marvels of Rome*)，尼克尔斯(F. M. Nichols)译(1889年)，伦敦和罗马，pp. 23-24，12-13。

其二，中世纪对待《圣经》的态度。同罗马废墟一样，《圣经》也被认为先在的。既然是永恒的上帝之作，询问不同的部分写于何时便属徒劳。它不是当作历史文献而是作为神谕看待的，也即它已表达的意思服从于它所能表达的意思。从基督教神父时代起，《圣经》便从四重意义上解释，除了字面的或历史的意义，还有三种精神意义，寓言的、道德的与神秘的意义。

托马斯·阿奎那(Thomas Aquinas, 1225-1274)在他的《神学大全》(*Summa*)总结了解释《圣经》的正统观点。

> 《圣经》的作者是上帝，在其能力之内表明他的意思，不只通过语言(如同人类所能做的那样)，还通过事情本身。其他学科的事物由文字来表示，而这门学科有自己的特性，由文字所表示的事物同时还有自身的含意。因此，通过文字来表示事

> 物的含意属于第一种意义，即历史的或字面的意义；而通过文字来表达含意的事物同时还有着自身的意义，这被称为精神的意义，它以字面意义为基础，并以此为先决条件。这种精神意义分为三重……只要旧律法（the Old Laws）的事物表示新律法（the New Laws）事物的含意，就有了寓言意义；发生于基督身上或表示基督的事都是我们该做的，就有了道德意义；而他们表示与永恒的荣耀相关的意义时，就有了神秘意义。
>
> 圣托马斯·阿奎那，《神学大全》（*Summa Theologica*），多米尼克天主教会修士译本，（无日期，最近）伦敦，问题I，第10节，对异议三的回答。

4 《圣经》的寓意解释是一特殊的类型，它是“比喻的”。德国文学史家埃里希·奥尔巴赫（Erich Auerbach）在其著名的论题材文章中，将比喻定义为“现实的和历史的某物，表示同样现实的和历史的他物”。《旧约》总的来说是（正如阿奎那所指出的）《新约》的一个比喻；亚当是基督的比喻；约拿从鲸鱼中出现是基督复活的比喻。亚当不只是像基督，而是被我们比作基督；从客观意义上说，他预示着上帝。这好像上帝在书写我们生活的历史，而亚当是他的一个象征物。这种解释显然背离了历史意识，因为它将人物与事件从历史情境中抽离出来，而纳入精神情境中。

其三，中世纪对待法律的态度。同罗马废墟与《圣经》一样，法律也被认为先定的、永恒的，在某个特定的时刻被发现而非制定出来的。理论上，新法律是不可能的；语义上存在矛盾，因为法律就是习俗，而根据定义习俗是旧有的。麦西亚国王奥法（King Offa of Mercia）在公元700年后不久制定了土地受让制度，并宣布“皇家法令不可动摇，万世永固”。诉诸习俗的众多事例之一便是费康圣三位一体（Holy Trinity Fécamp）修道院大约在1086年做出的反对布里尤兹的威廉（William de Braoze）的请愿。

> 关于他从圣三位一体修道院人士那里收取桥梁通行费，依

> 裁定不当支付，因在爱德华国王（King Edward）时代从未支付过。

人们有时候注意到法律的不同，这让他们得出有些法律优于其他的结论，但没有意识到是在特定环境里制定的。阿尔弗烈德（Alfred）国王考虑将《出埃及记》（Exodus）法律用于其自身王国的可能性。他本人的法律表明他准备废除一些旧律法，但不愿意制定新律法。

> 当许多人接受了基督教信念后，全球各地召集起很多宗教大会，在英格兰各地也是如此，在人们接受了基督教信念后，神圣的主教及其他睿智者聚集一起……然后，他们在众多宗教会议中规定对人们诸多不当行为的修正办法，并将它们写进许多教会会议书中，形成一条又一条的法律。然后，我，阿尔弗烈德国王将其收集在一起，并命令记下我们的先辈所遵循的许多律法，这些也是我喜欢的；而那些我不喜欢的，在我的顾问的建议下我拒绝它们，并命令有区别地遵守。我不敢擅自制定 5
> 许多律法，因为我不知后人会满意哪些。
>
> 阿尔弗烈德国王的律法，《英国历史档案》（*English Historical Documents*）前言，卷 1（译本），怀特洛克（D. Whitelock）编辑，（1995 年）伦敦，pp. 372－373。

在中世纪，查士丁尼的律法广为人知，在 12、13 世纪时得到“评注者”的研究和解释。这些法律人对判例感兴趣，而判例已脱离其历史情境。在这种意义上，他们认为法律是超越时间之外的。13 世纪中叶，圣托马斯·阿奎那比其前辈更意识到变化，能够讨论变更法律的合理性，并能够看出环境也发生了变化，但他强调了法律变化的危险。

> 正如我们上面所说的，人类的法律是一种理性的命令，人

> 的行为据它而得以规范。从这一点看，有两个理由可证明改变人类法律的合理性。其一是就理性而言的，其二是就人的行为受制于法律而言的。就理性而言，从不完善到更完善的历程，对于人的理性来说似乎是自然的。因此，我们在思辨科学中看到，最初开始推究哲理者得出一个不完备的体系，而后其后继者进行更详尽的阐述。在实际事务中也是如此。那些最初思考什么有利于人类的共同福祉者，自身并不能够解决所有的问题，他们确立起在许多方面都不完善、不充分的一些规范；而这些规范后来又得到其后继者的修正，保留下那些从公共利益来看绝少缺陷者。
>
> 就人而言，其行为受制于法律，基于环境的变化而改变法律可证明是合理的：因为人们依据所处的不同环境，而达成不同的规范……
>
> 如上所说，人类法律的改变仅从其有利于公共福祉而言是合理的。现在，法律变化的这个事实在某种意义上有害于公共福祉。这是因为在对法律的遵守中，习俗是非常重要的：甚至
> 6 于，任何反对公共习俗的行为，即便其本身不重要，总是看起来更严重似的。那么，当法律被改变时，它的强制力被削弱，习俗也被弃置一边。由此，人类的法律应该永不改变，除非其为公共利益带来的好处足以抵消其危害。若是新法规包含有巨大而易见的好处，或是由于旧法律明显不公或遵守它极其有害而急迫需要改变时，也许是这样的。因此，法学家道："在宣布废止那些被长期视为公正的法律之前，通过的新宪法的效用必须非常明显。"（乌尔比安，文摘，Ulpian，Digest，i. IV. 2）
>
> **圣托马斯·阿奎那，《神学大全》**，译本见于登特列夫（A. P. D'Entrèves）编辑的《阿奎那：政治文选》（*Aquinas: Selected Political Writings*），（1959 年）牛津，问题 I，第 10 节。

总之，中世纪人缺乏过去的"差异性"意识。他们从现在的角度看待过去，将自己设想为古代人。这有时是不可能的：过去明显

地不同于现在。因而出现了两种情况。一种可能性是视前人为奇异的外邦人，13 世纪建筑师维拉尔·德·奥内库尔（Villard de Honnecourt）未能看出当时的“萨拉森人（Saracen）坟墓”，而称其为罗马人的坟墓，这可以说是以空间意识来替换时间意识。正如拉辛（Racine）在《巴雅泽》（*Bajazet*）第二前言中道（为他选择土耳其而非古典题材进行辩护）：

> ……地理距离在某种意义上弥补了时间上的极其相近：因为人们难以区分相隔千年与相隔千里格（league）之间的差异。

另一种可能性是将往昔之人视为非人类，上帝或魔鬼。这并非一个不同的策略（一个无意识的策略，我应该强调），因为外邦人也常被视为非人类。如维吉尔（Vergil），他的史诗与中世纪史诗大异其趣，被看作一位巫师；一首盎格鲁-撒克逊人的诗“废墟”（The Ruin），将常被称为巴斯（Bath）的罗马城市当作巨人的作品。

> 这奇迹般的石墙；注定被毁坏，城堡也已衰败；巨人之作正在消亡。

2 7

我所定义的历史意识的第二个要素是证据意识。与文艺复兴时期相比，中世纪作家和学者对证据材料采取一种不辨是非的态度。这种态度有两方面，也许可称之“主动的”和“被动的”。

被动方面便是接受“权威”，人们似乎认为写下的东西必定是真实的，每位“作者”（author）都是一位“权威”（authority），所写都为“真”（authentic）。（相关单词提醒我们，这些想法也曾是相关的。）对于材料的相对可靠性很少加以区分；也许最恰当的例子是一位中世纪史学家比德（Bede），将他从目击者所获信息与其他种类的信息区分开，但这样的区别并不常见。历史故事倾向于“拼装”，由现成的碎片组合而成，因为历史学家常吸收现存的“权威”文字，形成不同作者的混合体。总之，历史与文学一样，并不反对抄袭。这种方法的存在并不令人惊讶：毕竟剪刀加浆糊的历史依然存在，令人惊讶的只是它占主导地位。图尔的格雷戈里(Gregory of Tours)讲述一个奇迹时提及，他当时在现场，但“不值得去看它”(*haec videre non merui*)。换句话说，他将证词置于他的感官证据之前。比德生活在哈德良长城(Hadrian's Wall)附近，而当他有机会描述它时，他更愿意将韦格提乌斯(Vegetius)的现成描述纳入自己的文本中。但丁也将李维(所有人中只有李维)看作“从不犯错的李维”(*Livio che non erra*)。

对待证据的态度“主动的”方面是思维的结构，它使得创造神话并当作历史讲述以及伪造文献成为可能。

中世纪历史著述充满了神话，世俗的和宗教的(我将神话定义为像事实一样传递的虚构)。如13世纪佛罗伦萨人相信佛罗伦萨是凯撒(Caesar)建立的；英国人相信特洛伊人布鲁图斯(Brutus the Trojan)曾在不列颠开拓殖民地；法国人认为是大法官狄奥尼修斯(Dionysius the Areopagite)改变了他们的信仰；雅典人由圣保罗(St. Paul)施洗，以及他就是他们的“圣丹尼”(St. Denis)；西班牙人相信圣詹姆士(St. James)曾在9世纪现身，并帮助他们击败摩尔人。中世纪喜爱的听读材料——圣人生平事迹，尤其充满了所谓
8 的“圣徒传神话”。难以确定这些神话是如何产生的。有解释型神话：它们的出现意在解释某位圣人或世间英雄含糊不清的姓名或图像；有混合型神话：将不同人物的故事糅合在一起。西班牙人有关圣詹姆士的故事，这位基督的孪生兄弟骑着白马击败了摩尔人，似乎与卡斯特(Castor)与帕勒克(Pollux)这对孪生兄弟于公元前449年在意大利骑着白马赢得一场战争的古老故事有关。法国人改变信仰的故事似乎源于狄奥尼修斯与丹尼斯的混淆。因为缺乏历史透视意识，很容易造成混淆，也因此所有事件都发生在“神话时代”。比较重要的仍然是证实型神话：过往的故事证明以及被创

造出来以证明当前情况的合理性（参见第 18 页对此所作的更详细讨论）。圣詹姆士既是抵抗摩尔人的一种激励，也是西班牙人付款给孔波斯特拉（Compostela）圣詹姆士大教堂教士的证明。被 12 世纪蒙默思的杰弗里（Geoffrey of Monmouth）广为传播的亚瑟王（King Arthur），是对英国民族自豪感的一种激励，也是诺曼王朝声称与卡佩王朝相并列的证明，后者视自己为英雄查理曼的后裔。两位英国国王曾引用杰弗里的话，来支持他们所要求的苏格兰统治权。

就神话而言，从来难以确切地追踪最初的讲述者。经常是我们所相信的故事发明者，不过是在传递它而已，或许这个故事是在半意识下不断添加而成，或是从其他人的故事里挪用来的，根本不是“发明”的。蒙默思的杰弗里有关特洛伊人移居不列颠的记述，就有这种不确定性。

蒙默思的杰弗里（约卒于 1155 年）是一位神职人员，可能是《不列颠诸王史》（*History of the Kings of Britain*）的作者，该著作使著名的布鲁图斯传说广为流布。布鲁图斯被描述成西尔维乌斯（Silvius）之子，西尔维乌斯是阿斯卡尼俄斯（Ascanius）之子，阿斯卡尼俄斯是埃涅阿斯（Aeneas）之子。我摘录了两个片段，女神狄安娜（Diana）的预言（对照《埃涅阿斯 VI》）和登陆不列颠。

> 他觉得女神站在面前并对他说了这些：“布鲁图斯，在太阳落下的那一边，穿过高卢王国，海中有一座岛屿，曾被巨人占领。现在它空着并准备迎接你的民众。随后的年月将证明它是适于你和你的人民居住：对你的后代来说，它将是第二个特洛伊。众多国王将从你的家族中诞生，整个地球将臣服于 9
> 他们。”
>
> 当他从这一幻象中醒来时，这位首领尚心存疑虑，他所经历的是一场梦，还是真有女神预言了他将踏上的陆地。最后，他将战友们召集在一起，详细地告知睡梦中所发生的一切。他们感到高兴并建议他回到船上张帆西行，寻找女神允诺的地方，此时依然是和风吹拂……

> [布鲁图斯和战友们在康沃尔(Cornwall)的托特尼斯(Totnes)登陆。]那时这个不列颠岛屿叫作阿尔比恩(Albion),除几个巨人外,没人居住在这里。而最吸引人的是,由于其不同区域的宜人环境,它的森林与多条满是鱼儿的河流,这让布鲁图斯和他的战友们强烈地希望居住在那。当他们考察了不同的地区后,他们将发现的巨人赶入了山间洞穴。经首领同意,他们分配了土地。他们开始耕作田地,建造房屋,以致不久之后,你就会认为这块土地一直有人居住。后来布鲁图斯根据自己的名字,称这个岛屿为不列颠……
>
> **蒙默思的杰弗里,《不列颠诸王史》,索普(L. Thorpe)译,**(1966年)伦敦,pp. 65,72。

关于"圣徒传神话"的一些著名事例可见于雅各布·达·瓦拉泽(Jacopo da Varazze,约1228－1298,一位成为了热那亚大主教的多明我会修士)的《金色传说》(*Golden Legend*)。如他的圣哲罗姆传讲述了狮子的故事,它拖着一条受伤的腿跛行进了哲罗姆的修道院,被哲罗姆治愈了,从此变得非常温驯,此后,狮子常常出现在圣哲罗姆图画中。此外,他还讲述了狄奥尼修斯或丹尼斯(Denys)的故事:他因保罗而改变信仰,以及他访问法兰西。

> 亚略巴古大法官丹尼斯因圣保罗而改信了基督教,他因为所生活的地区而被人称作"亚略巴古大法官"(Areopagite),亚略巴古(Areopagus)是马尔斯(Mars)的一个地区,因为那里有一座供奉该神的神庙。雅典人以当地崇拜的神为城市各区命名,由此这个区就被称为"亚略巴古",因为阿瑞斯(Ares)是马尔斯的另一个名字,崇拜牧神潘(Pan)的地区被称作潘诺帕古
> 10 斯(Panophagus),诸如此类。亚略巴古是最著名的地区,因为它是贵族和人文学科学校所在地。这也是丹尼斯为何生活在那里,他是一位非常伟大的哲学家,被称作神智学家(Theosophus),上帝之友,因其学问以及对神名的完美了

解……当圣保罗来到雅典时，斯多葛派和伊壁鸠鲁派哲学家们与他辩论。一些人说："这个饶舌之人想说些什么？"另一些人说："他似乎是在教导新的神祇。"于是，他们把他带入哲学家地区以检验这一新教义，他们对他说："你告诉了我们以前从未听过的某些事情，我们很想了解它们。"雅典人耗费所有的时间来讨论新奇的事物。当圣保罗经过时看到了诸神的祭坛，其中有未知神的，他便对这些哲学家们说："你们所崇拜而不了解的神，便是我来传布的真神，他创造了天和地。"然后对着他认为最好的神学家丹尼斯说："丹尼斯，这位未知的神是什么？"丹尼斯答道："他是真神，他的存在还没有像其他神那样得到证实；他对于我们是未知的、隐藏的；他不久将统治我们至永远。"保罗对他说："他是人还是仅仅精神？""他是神也是人"，丹尼斯回答说，"他的未知，是因为他生活在天国。"圣保罗说："他就是我所传布之人，他从天国降临，化为肉身，被处死并在第三天复活。"丹尼斯仍忙于与保罗的讨论时，一位盲人路过，这位大法官立即对保罗说："如果你能以上帝的名义对那位盲人说'看见'，于是他看见了，我即刻便信；但勿使用任何魔咒，因你深知那力量源自何处。我将告诉你用什么词语。对他说：'以生于童贞女、遭桀刑而死又复活升天的耶稣基督的名义，看见。'"为避免对魔法的所有怀疑，圣保罗告诉丹尼斯自己说出这些话。当丹尼斯叫这位盲人看时，他立刻恢复了视力。于是，丹尼斯和他的妻子达马拉（Damaria）及全家受洗。他接受圣保罗三年的教导并被授雅典主教之职，他在那个城市及乡村大部分地区热忱布道，使其皈依基督教。

据说圣保罗向他展示了达到三重天时所见的景象；圣丹尼斯本人在很多地方似乎也暗示了这一点：在对天使的等级、他们的唱诗班及其功能的论述中，他明智而清晰地表达了自己的意思，你会认为他不是间接地获悉这些，而是他本人曾被提升到三重天，看见了所描绘的一切……他亲临圣母升天场景，如他在其著作《神名论》（*The Divine Names*）第三章中所暗示的。 11

> 当得知圣彼得和圣保罗在罗马因尼禄的命令而遭监禁，他请一位主教接替自己而前往探望。他们殉道后，当时的教会领袖圣克莱芒（St. Clement）派遣他与拉斯蒂克斯（Rusticus）、埃留提利乌斯（Eleutherus）一起赴法国。他被派到了巴黎，在那里他改变了很多人的信仰，建造许多教堂并将各级修道士安置其中。
>
> 雅各布·达·沃拉泽，《金色的传说》。

除了创造神话外，在中世纪还可以发现文献的制造，这些文献皆非出自所声称的作者。如“伪狄奥尼修斯”（pseudo-Dionysius）的著作，论述神和教会等级制度以及神名的论著，可能是500年前后的叙利亚僧侣所著，被归到亚略巴古大法官狄奥尼修斯名下；上文刚复述过的雅各布·达·沃拉泽传记，也是这般。还有“伪伊西多尔”（pseudo-Isidore）书，一部教规（教会法）集，归于塞维利亚的伊西多尔（Isidore of Seville，约560—636）名下。这部集子包含许多伪造的教皇文书。它们与其说是创造，不如说挪用，它们是出自《圣经》、基督教早期教父著作、西哥特人法律（Laws of the Visigoths）等引文的拼凑物。这些抄袭没有任何的时序意识，正如一位现代作家所说：“伪伊西多尔让1世纪和2世纪的罗马教皇用9世纪法兰克人的拉丁文写作，用后尼西亚正教（post-Nicene orthodoxy）精神来论述教义之争，引用尚未写作的文献，及裁决从未发生的问题。”这一切的原因仍然是证明合理性，为法兰克教会，尤其为主教的权利辩护。中世纪最著名的伪作是《君士坦丁赠礼》（Donation of Constantine），文献记录了君士坦丁皇帝赐予教皇西尔威斯特一世（Sylvester I）及其继承者统治意大利的世俗权力。它可能于8世纪中叶写于教皇公署。其目的显而易见，而有趣的是可以看到它如何从神话中产生，从西尔威斯特的故事中产生，如《赠
12 礼》本身提及的西尔威斯特治愈君士坦丁麻风病的故事。故事的作用想必是为皇帝赠送意大利提供一个合适的动机。

> 我们与我们的全体总督、全体元老、我的贵族们以及全体臣民都服从尊贵的罗马统治是明智的,因为我们已经看到,有福的彼得被任命为圣子在人间的代牧;因此后继的教皇作为同一使徒之长的代表,理应从我们以及我们的帝国获得比尘世帝国的仁慈君主更大的至高权利……由此……我们对最有福的主教、普世教会的教皇西尔威斯特转让上述物品,以及已经说过的府邸,罗马城还有意大利和帝国西部所有的行省、郡县和市镇。我们据此颁布神圣而务实的敕令,上述各地服从他及其后继者的统治,遵从神圣罗马教会的法律。因此,我们认识到以下做法是合适的:我们帝国和我们王国的权力应该转移到东部地区;在拜占庭省,在一个最适宜的地方,将以我们的名义建成一座城市;我们的帝国应该在那里重建。因为天上的皇帝在那里建立了至高的祭司和基督宗教的首领,尘世的皇帝就不应该再在那里行使司法权了。
>
> 《君士坦丁赠礼》,科尔曼(C. B. Coleman)翻译和编辑,(1922年)纽黑文,pp. 13-17。

在这里列出中世纪伪造的所有文献是不可能的,但最著名的两个值得顺便提及。在教会神父时代,人们相信塞内加(Seneca)像狄奥尼修斯一样,因圣保罗而改变了信仰,而且相信两人彼此通信。在11世纪,塞内加致圣保罗的信件面世。在12世纪,当拉米罗一世(Ramiro I)要求支付款项的公文被"发现"时,付款给孔波斯特拉圣詹姆士大教堂一事得到书面证实。

关于中世纪学者对待过去的态度,重要的是重构这些伪造者的心理状态。实际上,"伪造者"不是真正的伪造者。正如我们现在所理解的这个词,没有历史的透视意识是不可能成为历史的"伪造者"的。伪造者必须认识到过去和现在之间的差异,为之惋惜,随 13
后伪称没有差异。必须意识到时代错误并避免之。那从这个意义上讲,中世纪伪造者不是伪造者。《伪伊西多尔书》与《君士坦丁赠礼》是没有时序意识的人所撰。这些文献里的许多细节表明了这一点。而如果作者们缺乏变化意识，他们很可能真的认为君士坦丁有过让教皇成为其继承人；认为教会法律如伪造的教令集所言那般；诸如此类。至于拉米罗一世公文，有个传统大体是说，这种誓言是在 939 年的西曼卡斯（Simancas）战役后由拉米罗二世（Ramiro II）作出的（我们再次看到时间的缩短、不同人物间的混淆以及神话特征）。此外，伪教令集这一精心之作，更像创造一个传奇或神话，而非实施伪造罪。一个现代作家把从基督教早期教父那里挪用的文字来编造教令集，比作从一位圣人传记中挪用细节来编造另一位圣人生平。这并不是说一些伪造物未必存在有意地去欺骗的意图，我们只是缺乏必要的证据来准确地判断，在制造《君士坦丁赠礼》这样的公文时，多大程度是出于无知，多大程度是肆意妄为。

3

我将历史意识的第三个要素定义为对因果关系的兴趣，这也是中世纪所缺乏的。这并非说动机和原因从不被提及，而是说它们不被看做是有问题的、相矛盾的或需要证据的。与现代史相比，中世纪历史在经常有些模式化地将动机归于个人并不加讨论地纳入叙述，与以神学方式极其概括地解释历史之间缺少中间地带。

对解释缺乏兴趣与中世纪历史的形式结构有关，其结构主要是编年体。中世纪历史的起源是复活节年表（Easter-Tables）的页边空白，在页边空白处填满了特定年份里所发生事件的简短记录。当独立历史开始撰写时，它们保持了这种编年体结构。这一结构倾向于一件接一件地组织事实材料，因此排除了解释。最常用的连接词不是“因为”或“结果”，而是“与此同时”。

14 最显著的叙事事例便是盎格鲁-撒克逊编年史，有几个不同版本存世，现存于剑桥大学基督圣体学院（Corpus Christ College）的这个版本称作《帕克编年史》（the Parker Chronicle），作于温彻斯特（Winchester）。

> 880(879)年。这一年丹麦军队从奇彭纳姆(Chippenham)前往赛伦塞斯特(Cirencester),在那待了一年。同年,一帮北欧海盗在泰晤士河畔的富勒姆(Fulham)集合,扎营住下。同年,出现一小时的日食。
>
> 901(899)年。这年万圣节前六天,埃塞沃夫(Aethewulf)之子阿尔弗烈德逝世。他是除丹麦统治区以外全体英格兰人的国王。在位差一年半满 30 年,其后他的儿子爱德华继位。①
>
> **《盎格鲁-撒克逊编年史》,加蒙兹韦**(G. N. Garmondsway)**译**,(1953 **年**)**伦敦**,pp. 76,91—92。

另一重要类型就是普世史,以六时期或四帝国这类概念组织起来并要表现上帝在历史中行为的世界史。5 世纪主教奥罗修斯(Orosius)撰写了一部著名的普世史,12 世纪弗里辛的奥托(Otto of Freising,约 1111—1158)主教撰写了另一部著作——《双城记》(*The Two Cities*)。奥托是巴伐利亚弗里辛的主教,他的著作从题目便可知,是循着奥古斯丁传统的。他主要着眼于上帝之城耶路撒冷,而常忽略了人类之城巴比伦所发生的事情的重要性。

> 由于有两个城市——一个是有时限的,一个是永恒的;一个是地上的,世俗的;一个是天国的,神圣的;一个是魔鬼的,一个是基督的——教会作家已表明前者是巴比伦,后者是耶路撒冷。尽管很多异教徒就其中的一个城市著述繁多,以将古人的勋绩传往后世(许多功绩的证据,出于想象),但他们还是给我们留下任务,即依据我们的作家的判断来陈述人类的悲惨境遇。这个领域现存的名著作者有庞培乌斯·特罗古斯(Pompeius Trogus)、贾斯汀(Justin)、科尔奈利乌斯(Cornelius)[塔西佗(Tacitus)]、瓦罗(Varro)、尤西比乌斯(Eusebius)、哲罗姆(Jerome)、奥罗修斯(Orosius)、约达尼斯(Jordanes)以及

① 《盎格鲁-撒克逊编年史》,寿纪瑜译,商务印书馆,2009 年版,第 98 页。

我们中的许多人，还有他们中的一大批，不胜枚举。在这些著作中，眼光敏锐的读者将会发现，与其说是历史，不如说是致命灾难构成的可怜悲剧。我们相信这最终过去，一定是造物主
15 明智而恰当的赦免，其目的在于，鉴于人们愚蠢地坚守尘世转瞬即逝的事物，他们也许因事物自身的兴衰而受惊远离；如果不是通过他事，而是受到这短暂生命的苦难指引，从人到了解造物主……因此，我根据上帝所赋予的能力，一直记录到我们自身的时代，记录下巴比伦城的冲突和不幸；此外，也就我们对另一城的期望发声，但（就我从《圣经》中收集的线索）也要提及它的市民，他们现在正逗留于世俗之城。在这部著作中，我特别循着教会、奥古斯丁和奥罗修斯的耀眼光芒，并计划从他们的资源中吸取与我的主题和意图相关的内容……

在上帝道成肉身后的 1143 年，君士坦丁堡皇帝卡洛约哈尼斯（Kalojohannes）[他通过其子曼努埃尔（Manuel）与格特鲁德王后（Queen Gertrude）妹妹的婚约而与罗马国王康拉德（Conrad）订立了和约]率领大军进入叙利亚，因为安提阿的雷蒙德王子（Raymond prince of Antioch）已发誓将那个省和城市一起赠予他，作为一笔钱的回报，而没有信守承诺。但可敬的杰贝勒（Djebele）主教勇敢地当面反抗，并以罗马主教和皇帝的名义大胆地警告他停止攻击我提到的这座城市，因为它在拉丁人的控制下。而约翰（John）由于受到王子的欺骗，虽然使这座城市得以幸免，却以火与剑摧毁了整个行省，将那个地区的大批隐修者从小室逐出，并极其残暴地对待他们。在此，他并没有扮演“卡洛”（Kalo，也即“好人”）约翰的角色。之后不久，他在追踪猎物并使用毒箭时，意外地为箭所伤。于是这位富有的国王非常悲惨地在军中死去，王位传给其子曼努埃尔。

同一时间（1143 年），耶路撒冷国王富尔克（Fulk）去世，并将政权交付其子富尔克（Fulk）执掌，当时他还只是小伙子。曼努埃尔登上王座后，差遣信使带着贵礼到国王康拉德那里（像他的父亲以前所做的一样）恢复和约……

在这些日子里，意大利城市由于国王的离开而渐渐变得傲慢无礼。威尼斯人发动了对拉文纳(Ravenna)人的激烈战争， 16
维罗纳(Verona)和维琴察(Vicenza)人对抗帕多瓦人和特雷维佐(Treviso)居民，比萨人和佛罗伦萨人对抗卢卡(Lucca)和锡耶纳(Siena)人：他们几乎让整个意大利充满杀戮、劫掠和炮火。

弗里辛的奥托，《双城史》，出自迈尔罗(C. C. Mierow)译本，略有改动，(1928年)，纽约，pp. 93—95，437—438。

维拉尼比弗里辛的奥托更着眼于现实，但他的解释是陈腐的道德解释。乔万尼·维拉尼(Giovanni Villani，约1280—1348)是在俗教徒，一度是佛罗伦萨共和国的最高执政官和铸币厂总监。他的编年史从佛罗伦萨的起源一直写到1346年，后由其弟马泰奥(Matteo)以及马泰奥之子菲利普(Filipo)续写。

在这些时代，皮斯托亚(Pistoia)城幸福、伟大而美好。在其他市民中有个非常高贵显赫的家族，但没有非常古老的世系，它被称作坎切列里(Cancellieri)家族，源自一位执政官(Ser Cancelliere)，他是一位商人，获取了大量财富，他的两个妻子生了很多儿子，因其财富他们都成了骑士和有钱有势者。他们又生有很多儿孙，因此当时，他们总计有一百多人的武装，富裕、权势、事务繁多，他们不仅是皮斯托亚的重要市民，而且跻身于托斯卡纳最显赫的家族。由于过度的富足与恶魔的诱导，他们之间产生了蔑视和敌意。在他们中间，这个妻子所生之子反对另一个妻子所生之子；一部分取名黑坎切列里(Black Cancellieri)，另一部分取名白坎切列里(White Cancellieri)，一直发展到打成一团，但这还不是什么大事。白坎切列里这方有一个人受伤了，黑坎切列里这方最终可能希望与他们和谐相处，便将那位致人受伤者交给对方处置，他们可以任意弥补和报复；白坎切列里这方并不领情且傲慢自大，既无怜悯也无爱心,将他置于马槽并砍掉了他的手。自这罪恶开始,不仅坎切列里的房屋分开了,而且很多暴力死亡由此而生,并且整个皮斯托亚市都分裂了,因为一些人赞同这一方,一些人赞同另一
17 方,他们自称为白派和黑派,忘记了他们间的归尔甫派(Guelf)与吉伯林派(Ghibelline);皮斯托亚自此引发了很多公民冲突、诸多危险与生命损失;不仅在皮斯托亚,此后在佛罗伦萨市与全意大利,都遭受了上述派别的毒害。

乔万尼·维拉尼,《佛罗伦萨编年史》,菲利浦·威克斯蒂德(Philip Wicksteed)编辑,罗斯·塞尔夫(Rose Selfe)译(1906年),伦敦,卷8,38节。

让·傅华萨(Jean Froissart,约1333—约1400)也讲述生动的历史,并且非常关注现实世界。但他想当然地看待动机,他说他的目的是记录下伟大的军事业绩,以鼓励他的读者效法。为服务于这一目的,他的历史由各种奇闻轶事组成,表明应当模仿骑士侠义勇武的举止,而要避免偶尔的罪恶行为。

让·傅华萨来自埃诺(Hainault),是神职人员,但生活在宫廷,为贵族写作。所著他那个时代的法兰西、英格兰和西班牙编年史中,有一段描述克雷西(Crecy)战役的著名文字。下面是其中所描述的两则重要轶事。

英勇的波西米亚(Bohemia)国王在那里被杀了。他被称为卢森堡的查理(Charles of Luxembourg),因为他是英勇的国王和皇帝卢森堡的亨利(Henry of Luxembourg)之子。听到战斗的命令后,他便询问其子查理爵士在哪,侍从回答不知道,但相信他在战斗。国王对他们说:"诸位,今天你们皆是我武装起来的人民、朋友和兄弟,因为我看不见,我请求你们领我进入战场,让我可以挥剑一搏。"骑士们答应了,他们将直接带领他往前;为了不让他在人群中丢失,他们将所有战马的缰绳牢系在一起,让国王在前以尝其所愿,并向敌方前进。波西米亚的查

> 理爵士已将其名字标记为德国国王，拿起武器，很齐整地来参加战斗。但当他意识到这是与法国人交战时，便离开了，而且我也不太清楚他去向何方。他的父亲国王骑马挥剑于敌军中，与随行一起英勇战斗。他们推进过于深入，结果全部遭难，第二天他们被发现躺在地上，所有战马还系在一起……
>
> 这天一早，一些法国人、德国人和萨瓦人就攻破了王子（威 18
> 尔士的王子）营的弓箭手，并与武装人员交战，随后第二营及时前来救援，否则他会面临更大的压力。第一师发现他们处于危急之中，便派一位骑士奔赴英格兰国王那里，国王驻守在磨坊附近的高地上。骑士一到那里便说："阁下，沃里克（Warwick）伯爵、斯塔福德（Stafford）爵士、雷吉纳尔德·科巴姆（Reginald Cobham）爵士以及您儿子身边的其他人，受到法国人的猛烈攻击；他们恳求您带上您的营前去援助。因为要是敌人的人数增加了，他们担心王子会难以应付。"国王答道："我的儿子战死了，摔下马了，还是受重伤难以站立了？""没有那样，感谢上帝！"骑士回答，"但他正在激烈交战中，非常需要您的帮助。"国王答道："现在，托马斯先生，回到派你来此的人那里去，请转告他们，今天不要再派人来找我或指望我会去，任它去吧，只要我的儿子还有生命；并且说，我命令他们让这个男孩赢得他的荣誉……"
>
> **让·傅华萨，《编年史》，琼斯（T. Johnes）译，稍有改动，（1839年）伦敦，pp. 166—167。**

4

中世纪的历史态度本身就是一种需要解释的历史现象：它需要与中世纪思想和社会的其他方面联系起来。一些原始社会与中世纪欧洲二者对待过去态度的比较，也许有助于说明这一点。人类学家经常指出，他们所研究的原始社会缺乏历史透视意识。弗朗茨·博厄斯（Franz Boas）这样说爱斯基摩人，对于他们，世界总是现在的样子。克洛德·列维-斯特劳斯(Claude Lévi-Strauss)把历史透视意识的缺乏看作是“野性思维”(la pensée sauvage)的显著特征。这有几种原因。其一是社会变化的步伐缓慢,使得实际发生的变化更难以察觉;原因之二在于原始社会是没有书写的社会,他们所讲述的故事靠口语传统流传。现今的所有社会,都有着以过去来证明现在合理性的诱因,正如布伦尼斯洛·马林诺夫斯基(Bronislaw Malinowski)所指出的,有关过去的神话只有被视为现
19 行制度的许可证时,才能被理解。没有文字记述的社会,通过修改有关过去的记述以与变化相符,并让自己相信没有变化发生,来模糊过去与现在间的差异。人类学家杰克·古迪(Jack Goody)给出了一个关于修改的生动例子,他说加纳北部的贡贾(Gonja)州在1900年有七个区,便通过有关这个州的创立者及其七子,每子分享一个区的历史神话来解释;到了1956年,当他到达那里时,英国人将其缩减为五个区,创立者的儿子数目也被减少到五个。

回到中世纪。中世纪存在着社会变化,但相当缓慢;有有文化的人,但极少。而这极少数,直到这一时期结束,主要是神职人员。也因此,口头流传的有关过去恒久不变的神话更易于盛行。中世纪社会,受习俗统治,难以意识到过去与现在间的差异,后者与前者不相干。此外,中世纪文化的其他方面强化了这种变化意识的缺失。中世纪自然观的静态性质最近被指出。如对于塞维利亚的伊西多尔来说,四季是明显不同的实体,也即,正如一位现代作家所言,“我们看见变化的地方,伊西多尔看见了相继与间断的存在状态”。12、13世纪的物理学研究者假定,静止状态是宇宙万物的自然条件。同样,圣维克多修道院的于格(Hugh of St. Victor,卒于1141年)将历史的变化看作来自天堂的稳定性的衰退。这也可能与很多中世纪史是由僧侣撰写的有关,与僧侣职业上关注永恒有关。中世纪把进入修道院表述为“离开时间”(*relinquere saeculum*)。词语“世俗的”(Secular)和“暂时的”(temporal)让我们联想到这一点,尽管在早期“寺庙”(templum)与“时间”(tempus)之间有联系。马克·布洛克(Marc Bloch)强调了另一点,是个技术问题。他指出直

到 14 世纪中叶机械钟的使用，中世纪人“生活在一个不能掌握时间推移的世界里，因为他们的设备低劣而无法测量时间”。

由于缺乏历史透视，中世纪人必然会对证据材料不加评判。因为历史批评有赖于不将“材料”视为先定的，而是历史力量的产物；有赖于讲述其作者或写作时间，而非其主人公与他们描述的时间。 20
对“权威”和书面文字的极大尊重，很可能是因为书籍非常少以及写作是项罕见的技能。至于中世纪的“伪作”，可能与读写能力的上升有关。人们认识到某些习俗一直被遵守，而没有被记录下来。它们得到传统和解释性神话的合理证明。这时文件开始需要了，如作为土地所有权的证据。在口头证据向书面证据的过渡时期，为口头上已得到证实的事情制作书面证据，一定没有今天的伪造物那样可恶。

最后一点需要解释的是，中世纪对待动机和原因的态度。中世纪科学家“从道德上解释宇宙”。他们认为树要优于石头，马要优于树，静止要优于运动，等等。中世纪历史学家从道德上解释历史也就不奇怪了，以意大利人“渐渐变得傲慢无礼”或皮斯托亚人受到魔鬼的诱惑来解释战争。荷兰历史学家约翰·赫伊津哈(Johan Huizinga)曾表明，“象征的心态阻碍了因果关系的思考，因为从象征的联系方面看来，因果与遗传的关系必定被看成微不足道的”。因果与象征共存于文艺复兴时期，但在 17 世纪发生冲突，在历史与科学中因果获胜了。

批评中世纪缺乏变化和发展的意识，而没有注意到中世纪本身是一个发展阶段，这有些讽刺意味。在 12、13 和 14 世纪，以往所示的图景，需要不断的修正。在 12 世纪，纽伯格的威廉(William of Newburgh)对蒙默思的杰弗里所讲述的故事持怀疑态度，这意味着对证据的批判态度；而诺让的吉伯特(Guibert of Nogent)本着同样的精神怀疑某些遗迹的真实性。法律史家恩斯特·坎特罗威茨(Ernst Kantorowicz)认为 13 世纪有一个关于时间本质的新概念，它更强调了变化；经院哲学家在永恒(*aeternitas*)和短暂(*tempus*)之间加入了一个新的时间范畴，有始无终(*aevum*)。同一世纪，西西里的腓特烈二世(Frederick II of Sicily)的法律起草人怀着充分的历史透视意识写道,新的法律是社会变化的必然结果(*rerum mutatuones et temporum*)。(将 *rerum mutatuones et temporum* 译作"社会变化"很吸引人,但会犯下我正将其标为"中世纪"特征的时序错误。)如果文艺复兴时期历史意识源自彼特拉克(Petrarch)[弗朗切斯科·彼得拉尔卡(Francesco Petrarca)],那么这一新起点与此前的一切并非毫无关联。

第二章　历史意识 21

1　古学运动

一百年前，习惯称彼特拉克为“第一个现代人”。现今，这样的描述已不时兴，但在历史意识的历史上，很难不说自他而始。他尊古人为人，而非魔术师；他强烈地意识到古代与他本人时代间的差异。他希望生活在奥古斯都时代的罗马。在他看来，君士坦丁皈依前的时代（*the aetas antiqua*）是光明的时代，紧接它的现代时期（*the aetas nova*）则是黑暗的时代。这颠倒了基督教的传统区分；其重要性是因为彼特拉克将过去置于现在之上，他被迫逃离现在，忘记“这些地区、这些时代和这些习俗”，而重新体验罗马的过去。他致古典作家的书信集，有力地证明了他热望复兴并重新体验过去，如给李维（Livy）的这封信。

> 我希望（若蒙上天慨允）我生于您的时代，或是您生于我的时代；后一种情形于我们的时代本身，前一种情形于我本人，都大有裨益。我相信其时必置身朝圣者之列，登门求教。为能面见您，我不只是去罗马，而且不论是从高卢还是西班牙出发，我都会追寻到您，即便远至印度。就此而言，我必乐于与您神交于书籍中——可惜非是它们全部，只剩下尚未毁坏者，虽然我们这个时代人惰怠，也未得幸免。我们知晓您所撰罗马事务的书籍有一百四十二卷，您是何等的热诚，何等的不懈劳作；而现在幸存的还不足三十卷。

22 唉，这自欺的恶习！说是三十卷，只是因为大家都这样说。而我发现即便在这幸存的少数中，还是有一卷缺失。总共只有二十九卷，分为三部，第一部、第三部和第四部，最后一部的书籍尚不足数。每当我希望忘怀这些地方、这些时代和这些习俗时，我便埋首仅存的这些。我常愤慨今日之道德，时人惟重金银，惟求感官肉体之欢。要是这些便是人类所想的目标，那不仅野外不能发声的兽类，甚至那些无知无觉的物体，也会比有思想的人类有着更丰富、更崇高的目标。而其他地方，也是这样。

在此我当向您表达谢意，原因不一，以此为甚：您常使我忘怀今日之罪恶，而神游幸福的时代。在我展卷阅读之际，犹如置身科尔内利乌斯·西庇阿尼斯·阿非利加纳斯（Cornellii Scipiones Africani）中，在莱利乌斯（Laelius）、费边·马克西姆斯（Fabius Maximus）、梅特卢斯（Metellus）、布鲁图斯（Brutus）和德西乌斯（Decius）中，在加图（Cato）、勒古鲁斯（Regulus）、库尔索尔（Cursor）、托克图斯（Torquatus）、瓦勒利乌斯·科韦努斯（Valerius Corvinus）、萨里那托尔（Salinator）中，在克劳迪乌斯（Claudius）、马塞勒斯（Marcellus）、尼禄（Nero）、埃米利乌斯（Aemilius）中，在富尔维乌斯（Fulvius）、弗拉米尼乌斯（Flaminius）、阿提利乌斯（Attilius）、昆提乌斯（Quintius）、库里乌斯（Curius）、法布里奇乌斯（Fabricius）和卡米卢斯（Camillus）中。我与这些人物同游于那些时代，而非与同生于魔星下的贼子为伍的今日。哦，上天，若是有幸拥有您的全部，我将不会从其他伟大名字那里为我不幸的生活、为忘却这罪恶的时代寻求安慰！因我不能从所拥有的大作中找到所有这些，只能从其他人著作中各处读到，而特别是完整可见您才艺的那本书，但它是如此的简略概括，尽管就著作的数量而言并不缺少什么，而就内容本身的价值而论，什么都缺。

请代表我向您的前辈波力比阿斯（Polybius）、昆图斯（Quintus）、克劳迪亚斯以及瓦莱里乌斯·安提亚斯（Valerius

> Antias）以及那些光芒渐暗淡的人们致敬！对于稍后的历史学家，向与您邻近的维罗纳的小普林尼（Pliny the Younger）及您以前的对手克里斯普斯·撒路斯提乌斯（Crispus Sallustius）致敬！告诉他们，他们无休无止的夜祷与您的一样有用，一样有福分。
>
> 永别了，你们这些无与伦比的历史学家！
>
> 写于生者的大地上，在意大利某地方，在我现在所生活的城市，也是您出生和埋葬的地方，在尤斯蒂纳·维尔戈神庙 23
> （Justina Virgo）的门廊上，在看得见您墓碑的地方，在上帝诞生以来的1350年2月22日。若是您的寿命稍长，您就会见到他或听闻他的诞生。
>
> **弗朗切斯科·彼特拉克，“通信集”（Familiar Letters），XXIV，8，译文见科森扎（M. E. Cosenza），《彼特拉克致古典作家的信》（*Petrarch's Letters to Classical Authors*），（1910年）芝加哥。**

与中世纪作家不同，彼特拉克并没有视罗马废墟为当然之物，从他有兴趣依据残存物来复原过去这一意义上讲，可算作第一位现代古学家。他与乔万尼·科隆纳（Giovanni Colonna）修士一起探索罗马废墟。在关于西庇阿（Scipio）的史诗《阿非利加》（*Africa*）中，他以迦太基特使游历指南的描述形式，富于想象力地重构西庇阿时代的罗马。由此，贝丽尔·斯莫利（Beryl Smalley）女士称《阿非利加》为“一部历史小说的尝试”。此处摘录出自他对迦太基人来访的描述。

> 参观者先通过阿庇安门（Appian gate）的大理石入口。不久，他们看见了帕拉斯城墙（Wall of Pallas），在山岗上构成一巨大的圆环，那里建有新城第一座有名的建筑物伊万德宫（Evander's palace）……在它们右边是科利乌斯山（Mount Coelius），左边是阿文蒂诺山（Mount Aventinus）……然后，他们赞美太阳神庙和大地的金色神庙；他们颤抖着攀上卡匹托尔

> 山(Capitol Hill),认为触摸到了天空……在那里他们看见了朱庇特神庙,最辉煌的神庙,财富放置在山顶,门口堆着无数的战利品,从敌人那里夺得的雪白战车和武器,伟大国王的金色王冠,权杖和手镯以及从佩戴的脖子上扯下来的项链;象牙马鞍和镶有宝石的缰绳,都整齐地放在那。在这里,他们认出了自己的盾牌、船只的碎片、迦太基军旗和护胸甲。古代战争的这些遗物让它们所有人充满了无声的悲伤。当他们穿过神庙时,他们又一下子注意到那沉默的鸟,它的声音警示过高卢人的攻击。他们继续前行,看到强健的男人和高贵的女人,巨大的房屋和拱门装满了各种战利品,坚固的大理石上刻着胜利的旗帜和战役,以及豪华的陵墓。他们还看到了地上和地下的水槽,随后在斯巴鲁(Subura)山谷看见了最高权力拥有者凯撒的
> 24 宫殿。后来他们离开了山谷,疲惫地爬过埃斯奎里山(Esquiliae Hill)和维弥纳山(Viminal Hill),穿过奎里尔纳山(Quirinal Hill),见到两裸体巨人,这是普拉克西特利斯(Praxiteles)和菲狄亚斯(Phidias)的作品,他们在竞赛中获得同等的名声。在那里,他们激动地观看西庇阿家族的宫殿,崇高,有巨大的围墙和牢固的塔楼,有因利比亚战争(Libyan war)而闻名的军旗,一个自豪的名称,一个自豪的种族。他们在此向左。面向托斯卡纳的大门称作弗拉米尼门(Flaminian gate)。他们走进战神广场(Campus Martius)……他们观看了密涅瓦(Minerva)以及所有神祗的伟大神庙,以及那些为更美好事物而建的建筑物。
>
> 彼特拉克,《阿非利加》,卷8,862—925行。

彼特拉克对铭文感兴趣,他收集罗马钱币并将其作为历史证据[如韦帕芗(Vespasian)的面貌];他对人们服装的变化感兴趣,并运用所掌握的希腊服饰知识来解释《伊利亚特》(*Iliad*)中的诗句。当然,彼特拉克并不是一个精密的古学研究者。在以上引自《阿非利加》的片段中,他将凯撒的宫殿和万神殿(由奥古斯都建立)置于西

庇阿·阿非利加努斯(Scipio Africanus)的罗马！并不那么令人惊讶，但依然错误的是，他过于相信奇迹(*Mirabilia*)而接受传统的鉴定，如“雷穆斯陵墓”(tomb of Remus)[位于博尔戈诺沃(Borgo Nuovo)的一座金字塔]。致李维的信表明，他相信李维的墓碑在帕多瓦被发现：在17世纪，这被证明是一个不正确鉴定。但是他的错误并不重要，重要的是他的历史感受力，他对以往的感觉。他的朋友也有着同样的兴趣，如科拉·迪·里恩佐(Cola di Rienzo)在一次会议上展示了韦帕芗时代的青铜铭文，得出结论认为古代帝王的权威来自罗马人民；或者乔万尼·丹迪(Giovanni Dondi)，他1357年访问罗马时，抄写简介并进行测量。此后有50年时间，少有这种古学兴趣的记述；在14世纪末波乔·布拉乔利尼(Poggio Bracciolini, 1380－1459)和安科拉的西里亚克(Cyriac of Ancona, 1381－1455)以及富拉维奥·比翁多(Flavio Biondo, 1388－1463)那一代人身上得到复兴。在罗马废墟中沉思命运无常的波乔，接下去为残存的遗迹编目，并更正彼特拉克的错误。

> 奥斯蒂亚门(Porta Ostia)附近城里的金字塔……是祭祀团成员克斯提乌斯(C. Cestius)的大墓，其上所刻字母称这项工作是依蓬修斯·克拉姆拉(Ponthus Clamela)的意愿在130天
> 内完工的。我更惊奇的是，由于这段铭文依然保存完整，最博 25
> 学的弗朗切斯科·彼得拉尔卡竟在信中说这是雷穆斯的陵墓……
>
> 波乔·布拉乔利尼，“无常的命运”(The Inconstancy of Fortune)，译文见《简明文艺复兴文集》(*The Portable Renaissance Reader*)，罗斯(J. B. Ross)和麦克劳克林(M. M. McLaughlin)编辑，(1953年)，纽约，p. 383。

安科拉的西里亚克是一个在中东广泛游历的商人，记录下古典铭文以重现往昔的时光。正如他在写给一位约翰内斯·里奇那图斯(Johannes Ricinatus)的信中夸口道：

> 显而易见，通过我们的艺术，不仅能使最杰出的祖先从已毁坏的纪念物中复活，而且能使城市的名字重见光明。天呀，我们的艺术有着何等伟大、何等神圣的力量！
>
> 安科拉的西里亚克，《旅行记》(*Itinerarium*)，梅修斯(L. Mehus)编辑，(1742年)，佛罗伦萨，p. 54。

他写了六卷评论，都毁于1514年的一次火灾。

更为重要的是富拉维奥·比翁多，他不仅考察了罗马遗迹，抄写铭文，而且利用这些知识来重构历史。他的《复兴的罗马》(*Rome Restored*，作于1440—1446年)是一部历史思想史上的重要著作。书中对古代罗马作了地形学的记述，利用文献资料以及他本人通过实地考察获取的资料，描述了浴室、神殿、城门和方尖碑等。下文节选自他关于罗马剧场的片段，以与《罗马城奇迹》中极其枯燥的描述相对照(前文，2页)。

> 在罗马所见这种形式(半圆形)的首座剧场，是由马库斯·斯考卢斯(Marcus Scaurus)建造，当时他是古罗马的市政官。它不是永久性建筑，而是为三十天的演出而建。关于这一建筑，引用普林尼的说法会是个好主意，因为要是我们没有证据而作出许多论断，将会得不到信任。“在他是市政官时，他建造了人手所建造过的最伟大建筑物，同等看待永久性建筑与临时性建筑。他的剧场有一个被分为三部分的舞台和360根圆柱……舞台的底部是由大理石建造，中间部分是玻璃，即便在
> 26 稍后时代玻璃仍是一个前所未闻的奢侈品，顶部是镀金的木板；我们已说过，它有24根台柱(pillars)……观众席能容纳80,000人。”……在34卷中有这样的文字：“在马库斯·斯考卢斯为市政官时，一个临时性剧场的舞台上有三千尊雕像。”在36卷第二章节：“在马库斯·斯考卢斯为市政官时，360根圆柱被运到一个临时性剧场的舞台，该剧场使用不到一个月”，以及下文，“最大的圆柱是卢库勒斯(Lucullean)大理石，

38 英尺长。”……

作家们赞同第一座石头剧院由庞贝(Cn. Pompey)所建，对此，科尔奈利乌斯·塔西佗的记述如下：

《编年史》，14 卷，20—21 章节

“在尼禄——这是他的第四任——和科尔奈利乌斯·科苏斯(Cornelius Cossus)担任执政官的一年里，罗马人举行了一种希腊式的、每五年一次的舞台表演比赛，同对于几乎所有的新措施一样，人们的意见各不相同。有些人说，甚至庞贝在建造一座永久性剧场时都受到他的长辈们的批评。先前每有表演时，通常都是临时搭起一排排的座位，舞台也是临时搭建的。”随后他写道：“建造一座永久性剧场，较之每年花费巨额金钱搭盖临时剧场而在事后再把它拆除，而耗尽地方行政官的财富，反而是一种节约办法。”我们不能比尼禄向日耳曼贵族炫耀罗马人是如此多的事实更好地证明这个剧院的规模了，因此塔西佗讲，带他们到坐满人的庞贝剧院去……①

于是，由庞贝开始并主要由他来建造这个剧场，根据苏埃托尼乌斯(Suetonius)的记录，卡利古拉(Caligula)皇帝完成了它。我们知道，剧场历时不到 400 年，因为东哥特人的西奥多里克(Theodoric)国王重建了它。当时它的大部已成废墟……人们知道这座剧场曾经在那里，但只是大概知道位置。位于现在称作德·拉·罗萨(de la Rosa)的修道院附近的一大片废墟中，墙壁的外翼围成一个圈，看起来有些像一个剧场。而更有力的证据表明，剧场废墟实际上远离那里，在达马索(Damaso)的圣洛伦佐教堂(S. Lorenzo)院子里。安吉洛·彭塔罗(Angelo Pontano)律师最近在那里深挖一个酒窖，发现了大块方石的地基。在工人挖出的一块石头上有一肘高的文字读作“庞贝剧场的守护神”(the Genius of Pompey's Theatre)，因此可

① 〔古罗马〕塔西佗，《编年史》下册，王以铸、崔妙因译，商务印书馆，2009 年版，第 519—521 页。

27 以猜想这块石头是奠基时放在那里的，这可以从其他铭文中弄清楚……而我们的看法是，剧场的位置更靠近圣洛伦佐教堂。

富拉维奥·比翁多，《复兴的罗马》(1531年版)，巴塞尔，pp. 257—258。

在比翁多、西里亚克和波焦后的一代，历史意识开始影响意大利文艺复兴美术。如画家皮埃罗·德拉·弗朗切斯卡(Piero della Francesca，约1420—1492)在人物服饰上显露出有些混乱的时序意识；在他1450至1460年代创作的君士坦丁皇帝生平的阿雷佐(Arezzo)湿壁画中，描绘了一位披挂着凭想象重构的罗马盔甲的男子与一位穿着15世纪盔甲的骑士参加同一场战斗！更热心于古学研究的是画家安德烈亚·曼坦尼(Andrea Mantegna, 1431-1506)，他是西里亚克(Cyriac)的门生、维罗那的“古学研究者”(*antiquarius*)费利切·费利恰诺(Felice Feliciano)的朋友。在一份幸存的公文里，费利切描述了由一位“皇帝”和两位“执政官”领导的团体在1464年去加尔达湖(Lake of Garda)寻找古物的一次考察，曼坦尼就是其中的一员。弗里茨·扎克斯尔(Fritz Saxl)留意到曼坦尼的一幅表现西庇阿将西布莉(Cybele)崇拜引入罗马的绘画(藏于伦敦国家画廊)，是试图以正确的历史方式来描绘古代史主题的早期事例。几乎在同一个时代，建筑师安东尼奥·菲拉雷特(Antonio Filarete, 1400-1469)建议艺术家：

使服饰符合你所描绘的那些人物的特性。如果你确实要描绘现代的事情，就不要让你的人物穿戴古代的装束。同样地，如果你需要表现古代，就不要让他们穿着现代的服装。不要像我所看见的很多人那样改变服装的适宜性。他们时常将现代衣服加在古人身上。

安东尼奥·菲拉雷特，《论建筑》(*Treatise on Architecture*)，卷24，斯宾塞(J. Spencer)译(1966年)，纽黑文，p. 314。

在英国，由约翰·劳斯(John Rous, 1411－1491)所绘的沃里克兵团(the Warwick Rolls)显示出那个时代的感觉；詹姆斯·曼(James Mann)爵士强调了劳斯描绘14世纪盔甲的细致，如他对托马斯·德·比彻姆(Thomas de Beauchamp)的刻画。在他的《英格兰国王史》(*History of the Kings of England*)中，劳斯着意于14世纪末夸张的尖头鞋这类细节的呈现。

到了16世纪，对于服饰与陈设品等的时序敏感性不断增强。
在反宗教改革期间，教会要求画家更精确地再现宗教主题。如吉 28
利奥·达·法布利亚诺(G. A. Gilio da Fabriano)为此目的而写的《绘画的错误》(*The Errors of Painting*)一书，1564年出版，该书以批评米开朗基罗而闻名。他的批评经常学究式的：他似乎不了解圣人特性的象征功能；但他有着极强烈的历史时序意识。

> 慎重的画家应知道如何去描绘相宜的人物、时间和地点……因此他不会表现埃涅阿斯(Aeneas)在查士丁尼皇帝时代来到意大利，或是在庞提乌斯·彼拉多(Pontius Pilate)现身的迦太基战役中……
>
> 我注意到的另一个误用，是我主受难时圣彼得的衰老体态，这在我看来似乎不可能，因为在基督受难与尼禄的最后一年即圣彼得在雅尼库鲁姆(Janiculum)殉难那年相隔了37年。他们还将福音书作者圣约翰始终描绘成年轻男孩，而他在基督殉难时他已31岁年纪……还可见有些画家将抹大拉(Magdalen)描绘在十字架下，变成了散发香水味，披戴着珠宝和金链，穿着天鹅绒礼服，并充满虚荣之人，没有认识到她不再是一个罪人，而是一位狂热的基督门徒。他们将圣方济各(St. Francis)画成肥胖红润、衣着讲究的人，胡须精心梳理，散发着香气，戴一顶做工精细的棉帽，腰间系着丝带，看起来更像一位将军或某个阶层的外省人，而非他作为赎罪者的真实写照；他们没有意识到他仅穿着一件未加工的长袍。圣多米尼克(St. Dominic)、圣班尼迪克(St. Benedict)、圣贝尔纳(St.

> Bernard)和圣罗姆阿尔多(St. Romualdo)可说也是如此。将圣哲罗姆(St. Jerome)描绘成戴着一顶像今天红衣主教所戴的红色帽子,难道不是一个错误吗?他确实是一位红衣主教,但他不应该穿戴这样的服饰,因为赐予红衣主教红色帽子和红色长袍的,是七百多年后的教皇英诺森四世(Innocent IV)……所有这些都源于画家的无知。要是他们受过教育,他们就不会犯如此低级而明显的错误。
>
> 吉利奥·达·法布利亚诺,《绘画的错误》(1564年),重印于《艺术论著》(*Art Treatises*)中,巴罗奇(P. Barocchi)编辑,(1960—1962)巴里。

在17世纪,普桑(Poussin, 1594－1665)似乎比大多数画家更
29 有历史意识,这种历史意识延伸至建筑,他拜访帕拉迪奥(Palladio)以了解古罗马纪念物曾经的面貌;延伸至服饰,在卢浮宫的《丽贝卡》(*Rebecca*)画中,他让女士穿上古希腊的女式长外衣(*peplos*);甚至延伸至家具,他在《最后的晚餐》中描绘使徒们斜依在古罗马式躺椅(*triclinium*)上。

传统的地方史和新的古物研究的产物,就是文艺复兴人所谓的"地志学",也即地史研究,尤其是与幸存的物质遗迹有关的地方史研究。为古代世界的托勒密(Ptolemy)所熟知的这种历史体裁,在比翁多的《意大利图志》(*Italy Illustrated*,完成于1453年)中得到复兴,它将《复兴的罗马》中的方法扩展至整个意大利,将其分为14个古老区域。这里是比翁多对帕多瓦的描述,除了列举当地的"杰出人物"外,他还吸收了文学与考古学的材料,并将古代和中世纪、政治和建筑的历史结合起来。他传达了一座城市的真实感受,它作为人类的产物,随着时间的推移发展或变化。

> 众所周知,这座最古老、最著名的意大利城市,由特洛伊的逃亡者安忒诺耳(Antenor)建立……李维在他的第一部著作中详尽地描述了帕多瓦人的荣耀。西塞罗在他的《反腓利比克之

辩》(*Philippics*)中说道，帕多瓦人是罗马人的亲密朋友，在患难的时候用金钱和武器帮助他们。马克罗比乌斯(Macrobius)在他的著作《农神节》(*Saturnalia*)中讨论了奴隶的忠诚，指出帕多瓦人极其人道，对待奴隶是如此的仁慈甚至是纵容，以致当阿西尼乌斯·波利奥(Asinius Pollio)想要强迫帕多瓦人纳税时，他们全都躲藏起来了，没有一个奴隶为了他们的自由或其他奖赏而出卖他们。阿斯科尼乌斯·披迪雅努斯(Q. Asconius Pedianus)在西塞罗演讲评注中写道，帕多瓦在共和国的黄金时代成为罗马殖民地，不是移入新的定居者这种惯常的方式，而是给予帕多瓦人拉丁公民权，以便他们能在罗马地方行政官的选举中投票。如果这个描述有点长，那么，这座城市的高贵是一个理由，因为我们相信，对于它美丽的建筑物，特别是公共建筑来说，在意大利没有地方像它这样。现在那里的所有建筑物，公共的或私人的，都是现代的，因为在公元430年匈奴国王阿提拉(Attila)用火与剑摧毁了帕多瓦，使其成为不设防城市。纳尔西兹(Narses)和拉文纳的人们重建了它，但
不到一个世纪后，伦巴第人(the Lombards)又摧毁了它。在查 30
理曼及其后裔的时代，它得到惊人的发展，且在罗马皇帝治下没有遭受损害。然而，在腓特烈·巴巴罗萨(Frederick Barbarossa)时代，史上最残酷的暴君埃切利诺·达·罗马诺(Ezzelino da Romano)于公元1237年征服了它。除了其他暴行以及无数公民被剥夺权利外，他用不同的方式极其残忍地(正如我们在描述维罗那时说过的)杀害了12 000帕多瓦人，他曾将他们作为战士带领过他们去攻打曼图亚人。埃切利诺死于索尼奇诺(Sonicino)附近后不久，卡拉莱西家族以“统帅”(captain)头衔成为帕多瓦领主。他们统治这个城市差不多100年，使其富足而美丽。卡拉莱西家族建造了城市的三重围墙，而尽管蒂玛沃(Timavo)河一直穿流于帕多瓦，但正如李维在其第十书中所表明的，卡拉莱西家族通过巨大的人工劳动开掘了很多运河，让河水围绕着城市，穿过乡村，既提供了方便

也成为一种装点。他们还建造了一座坚固的城堡，与一座宫殿相毗邻，无疑是意大利最优美的。他们还在城市里建造了一些桥梁。德国皇帝亨利四世(Henry IV)建造的主教堂至今依然存在。宫殿(我们相信它是世界上最美丽的一座宫殿)被意外地烧毁了。威尼斯人辉煌地重建了它，并将李维的遗骸显著地置于其顶层。

引人注目的圣安东尼(St. Anthony)巴西利卡(在意大利很少有建筑像它)是帕多瓦人建造的，当时帕多瓦人处于罗马帝国统治下的半自由状态。帕多瓦公民在不同的时代建造了40座教区教堂，为修士建造了四座修道院。城里有一座供奉处女圣尤斯蒂娜(St. Justina)的巨大教堂，周长有1000步，被水环绕着。据说这座教堂建在一座古老建筑物的废墟上，因为无论在什么地方挖掘，都有可能发现极美丽的瓷砖。我们的时代里，在那儿发现了李维的陵墓[1]。因此，可以认为这是古代的朱庇特神庙，在这里放置了(如李维在他的第10书中自述的)帕多瓦人战胜海盗斯巴达人克里米诺斯(Cleominos)所获得的战利品。今天圣尤斯蒂娜教堂有福音书作者圣路加(St. Luke)、圣马克西姆斯(St. Maximus)、圣费莉西蒂(St. Felicity)、使徒圣马提亚斯(St. Matthias，幸运降临到他头上)以及帕多瓦的守护神圣普罗斯多奇莫斯(St. Prosdocimus)的遗骸。这座城市有五个广场，贵族广场、牧群广场、谷物广场、
31 树林广场和稻草广场。那里有一所全意大利最著名的大学，有很多学生宿舍，以帮助那些没有收入的学生。帕多瓦的教学培养出了著名的人物……有李维，如此伟大的人物，一些贵族从西班牙最偏远的地方来罗马仅仅为见他——圣哲罗姆模仿普林尼，这样写道。古代著名的法学家包罗(Baul)是帕多瓦人。诗人马夏尔(Martial)有两位诗人朋友斯特拉(Stella)和弗拉库斯(Flaccus)，都是来自帕多瓦……皮埃特罗·达波诺(Pietro

[1] 像彼特拉克一样，比翁多对此毫不怀疑。——原注

> d'Apono)被称为"调解人"，如此精于哲学和天文学，以致被怀疑为魔术师；还有法学家兼诗人穆萨托(Mussato)和洛瓦托(Lovato)，都是帕多瓦公民。伟大的法学家弗朗切西科·扎巴雷拉(Francesco Zabarella)，以及罗马教会的红衣主教皮利奥·迪·普拉塔(Pileo di Prata)，以他们的荣誉、学问和智慧装点着帕多瓦。帕多瓦的马尔西利奥(Marsilio)以及随后的乔凡尼(Giovanni)、古列尔莫·索菲利奇(Gulielmo Sofilici)、乔凡尼·霍罗洛乔(Giovanni Horologio)，及稍后的安东尼奥·切尔米索内(Antonio Cermisone)，都是杰出的医生。
>
> **弗拉维奥·比翁多，《意大利图志》，(译自1531年版本)巴塞尔，第9部分。**

比翁多的著作很有影响力，它是德国人文学者康拉德·切尔提斯(Conrad Celtis)《德国图志》(*Germany Illustrated*)以及16世纪德国被称为"地理学文艺复兴"的其他著作的范本。在英国，它是威廉·卡姆登(William Camden, 1551 - 1623)《不列颠尼亚》(*Britannia*)的范本。在此，我引述他关于萨塞克斯(Sussex)海岸的一段描述。

> 这座城堡(布伦伯，*Brember*)曾属于布劳斯(Braose)家族——国王威廉一世(William I)把它赠予威廉·德·布劳斯(William de Braose)，高尔(Gower)男爵和布雷克诺克(Brecknock)爵士都是他的后裔，还有雪利郡(Shirleys)以及莱斯特郡(Leicestershire)的骑士家族。这座城堡现在只剩下废墟。它下面是斯滕宁(*Stening*)，在集市日非常忙碌，要是我没弄错的话，在阿尔弗烈德遗嘱中称作"斯滕汉姆"(Steningham)。古代的阿多尼港(*Portus Adurni*)离这不到三英里，在撒克逊人突袭我们的时候，它是罗马人的瞭望台。现在这个港口淤塞了。埃德林顿(*Ederington*)就在这里，它是阿尔弗雷德给予幼子的一个中等大小村庄，幸存下来的几乎没有

变化的名字让人想起它。与其毗连的村庄现在称作“波茨莱德”(*Portslade*),意即“通往海港的路”;不用说在这里登陆是多么容易,因为海岸开阔而平坦。由于同样的原因,在亨利八世(Henry VIII)统治期间,当法国人威胁我们的海岸时,我们
32 的人过去常在这等候法国的船舰,并于次日在布莱特姆斯泰德(*Brighthelmsted*)的一次突袭中焚毁一两座临时营房。

在下一条河边,离海稍微远一点的是刘易斯(*Lewes*),如此称谓可能来自牧场……它的面积和人口使其成为这个郡的主要城镇之一。它有六座教区教堂和一座小修道院。巴克赫斯特(Buckhurst)爵士在那里有一幢房子,由威廉伯爵沃伦(William Earl Warrenne)所建。他还在城北建造了一座城堡,城堡下有座荒废了的教堂,被多刺的灌木丛所阻塞;城堡墙上成拱形地题写着一些拙劣的诗句,以古老的字体写出,意指丹麦王室的某位大人物埋葬在那。如果我可以这样说的话,那么这些诗句正与石头的缝隙一起,张着嘴打哈欠……

在盎格鲁-撒克逊时代,当阿瑟尔斯坦(Athelstan)制定法律禁止在城外铸钱币时,他指定铸币者住在两个地方。诺曼时期,亨利三世(Henry III)与他的男爵之间爆发了一场战争,战局先是对这位国王有利,但后来让他垮台了。国王之子爱德华(Edward)攻破一些男爵军队并追逐了很长一段距离,胜利似乎已经到来;但男爵们重新召集军队并决定性地击败了皇家军队,他们迫使国王在不利条件下与他们和解,并将其子爱德华与其他人作为人质交给他们。

威廉·卡姆登,《不列颠尼亚》,(1586年)伦敦,pp. 158—159。

2 法律与历史意识

法律上的历史意识还是起始于彼特拉克。巴尔托洛斯(Bartolus,一位伟大的法学家,但没有历史意识)的同时代人,彼特

拉克关注历史对法律研究的贡献。

> 我们大部分法学家(他写道),不关心法律的起源和法学创始人的知识,只专注于尽可能多地从职业中获利,他们满足于法律中所写的有关契约、判断或意愿等,而从不会想到各门艺术、起源和文学的知识,对于法学家职业极具实用性。 33
>
> 彼特拉克,1340 年书信,译文见于迈伦·吉尔摩(Myron Gilmore)的《人文学者与法学家》(*Humanists and Jurists*),(1963 年),剑桥,马萨诸塞州:p. 30。

如同古学运动,彼特拉克有关法律具有历史的观念直到 15 世纪中期才得到采纳和发展。富拉维奥·比翁多在他的第三部名著《胜利的罗马》(*Rome Triumphant*)中,在历史情境中讨论罗马法。他的朋友,年轻的洛伦佐·瓦拉(Lorenzo Valla, 1405－1457)作出了更重要、更进步的贡献。他 28 岁时成为帕维亚(Pavia)的修辞学教授,当时他听到有人说巴尔托洛斯的著作《守旗官和武器》(*De insigniis et armis*)相当于西塞罗所有著作的价值,便写了一封信抨击巴尔托洛斯,结果引起了轩然大波,以致他不得不离开帕维亚。这封信显示出瓦拉和人文主义极具学究气又极富洞察力。如他抨击巴尔托洛斯为野蛮人,是因为他写《守旗官和武器》的时候应已写过《徽章》(*de insignibus*)。后来,他进而认为巴尔托洛斯不了解罗马的历史,罗马的制度。他建议应当回到源头,回到古代法学家那里,去寻找它们的原本含义。瓦拉主要对语法和语言学感兴趣,这种兴趣将他引向历史,因为只有通过语境,才能了解一个词的含意,而这种语境包括作者那个时代的精神世界和社会世界。瓦拉的朋友马泰奥·维乔(Matteo Vegio)(因胆敢为《埃涅阿斯》增写第 13 卷而闻名于历史界)以一本名为《词语的意义》(*De verborum significatone*)的小书(一个依字母顺序的罗马法律术语列表,并附解释)阐明了瓦拉设想的积极面。

直到 16 世纪初期彼特拉克的设想才被两位伟大的学者向前推

进了一步，他们是纪尧姆·比代（Guillaume Budé，1468－1540）和安德烈亚·阿尔恰蒂（Andrea Alciati，1492－1550）。他们都是法学家之子，都撰写了有关罗马法律文本“注释”的书籍，且都执教于法国。因此，新的法律历史学派的名称为高卢风格（*mos gallicus*）或“法国风格”，以与意大利风格（*mos italicus*）——巴尔托洛斯风格相对，后者仍然将法律文本应用于现在的问题，而不问情况是否真正地与法律当初被制定出来的情况相符。在16世纪的法国，对待
34 法律的历史方法似乎达到了其逻辑的结论，他们认识到，当罗马法被还原到它的历史情境中，那个情境的社会与现代法国是如此的不同，以致研究罗马法根本没有实际的意义。达到这一认识的是弗朗索瓦·霍特曼（Francois Hotman），他在1567年提出“对于现代法国人而言，罗马法是所有学问中最无用的”，罗马共和国的社会（他用的词语是*état*）“迥异于法兰西共和国的”。

> ……如果研究《查士丁尼法典》有用，它必定与生活、与全体国民有些关联。鉴于共和国的机构和形态完全不同于这个王国，在人民民主与自由时代制定的法律如何能这样呢？让我们以执政官的职位为例。他们的职责是与元老院一起料理共和国的最重要事务；接见外国大使，听取各行省的抱怨和申诉，监督财政和财政家。今天，所有这些职责都由国王的枢密院来履行。鉴于这些法律不适用也不可能适用于这个国家，有什么理由让我们研究这些事关罗马共和国执政官或地方官的法律并如此仔细地研究它们呢？对于罗马帝国我们也是这样的说法；因为尽管它是一个君主政体，如现在的法国，但它是一种不同类型的君主政体。更重要的是，其政府形式不再相同，而是变化了，首先是在罗马帝王时代，而后是帝王宝座移至君士坦丁堡之时……

弗朗索瓦·霍特曼，《反特利波尼安》（*Anti-tribonian*），（1567年）（1603年版）巴黎，pp. 15—16。

这一历史研究的意义在于，因为环境改变了，社会改变了，法律也得变化。理查德·胡克（Richard Hooker，约 1554—1600）在批评清教徒试图将《旧约全书》的戒律应用于现代社会时，非常清晰地表达了这一观点。他的法律哲学在许多方面类似于阿奎那的（前文，第 5 页），他也确实引用了 12 世纪作家格拉蒂安（Gratian）的话，但其中似乎更强调变化。

> 不论上帝是否法律的创始人，通过授予人类这种能力来创造它们，或是通过发布他自己创造的法律，仅仅口头的，还是书面语言，或是其他等等；尽管有法律制造者的权威，制定法 35
> 律目的的可变性也使得法律是可变的。礼仪的法律来自上帝：摩西将戒律写入《圣经》的神圣记载中，直至今日仍有效力，如同犹太人所认为的一样，因为上帝自己是戒律的创始人，并且对于我们来说，废除他所创立的东西是最不能容忍的。而（他们固执无知的心是不能领悟那些的）既然颁布法律的目的已实现，已消失不见；它不再像以前那样发挥效力了，那应该如何停止呢？“在某些特殊时期必须的事情不再像那些时期被严格地约束，随后逐渐地变成自由。”（格拉蒂安，《教令集》（*Decretals*）I. I. I. 41）
>
> ……但是像这样不坚持这一点，像这样承认建立在任何特殊诉因之上的法律不需要遵守，诉因停止了，法律便于此停止作用了。他们仅以创始人和创立的主要目的来评判上帝的法律，以致我们要改变上帝确立的法律，他们则以令人讨厌的傲慢和放肆来坚守它，如果这便是目的和意图，那上帝据此提供的法律应当是永恒的。他们在此基础上广泛讨论了有关的命令和官职，这些是由上帝委派给教会机构的，如果基督教会必须永远被统治的话，那么上帝所提供的目的应保持不变。因此，他通过法律所确定的那些手段最适于那个目的，我们改变任何事情都是激励自己去违抗上帝，也就是要取消他的命令一样。其中，他们没有注意到，法律是统治的工具，而且这些工

具不是仅仅根据制定它们的一般目的来构造，而且是根据那些特定的目的，它们源于所要从事的事情。法律制定的目的可能是永恒不变的，而如果他们为了那个目标或意图而制定的手段有什么不当的话，那些法律依然需要作些变更。如一条为了阻止偷盗而以四倍的赔偿来惩罚小偷的法律有一个目的，它将与这个世界本身一样无限延续下去。盗窃总是会存在，也总是需要抑制。但这条法律为此目的所提供的手段，即四倍偿还的惩
36 罚在约束和抑制这种罪恶方面总是充分的，却没有人能保证。法律不充分有时是因为创立者缺乏判断力。某个诉因不能归入称得上神的法律，却经常可归入人的法律。而那些曾经是最充分的法律，可能会由于时间和地点的改变而不断增强；有时能强有力地阻止罪恶的惩罚后来可能渐渐变得软弱无力。

总言之，通过犹太人从上帝手中所接受的三条法律——道德的法律、仪式的法律和司法的法律——的不同，我们清楚地认识到，如果上帝制定他的法律的目的和依据总是始终如一，那他的法律也是如此，道德的法律对于任何诉因来说都不能被改变。第二，无论法律的依据持续与否，如果它们的目的一旦停止，它们的效力也会停止，如仪式的法律所经历的那样。最后，即使目的在继续，如在那条详述偷盗的法律中，以及大量古代司法中所行使的法律中；由于最初制定它们的依据不可能在各方面保持不变，甚至是充足原因的改变，因此，即使是上帝自己的规定，并且制定它们的目的还在继续，如果由于人们或时间的变更它们被发现不能够达到其目标，法律仍然可能会终止。在这方面，为什么我们不假设当事情自身的情形需要时，上帝实际上会要求这样的变化或变更呢？

理查德·胡克，《论教会政制》(*Laws of Ecclesiastical Policy*)，(约1592年)，卷3，第10节。

我不知道胡克是否了解法国的法学派著作。而亨利·斯佩尔曼爵士(Sir Henry Spelman，约1546—1641)无疑是了解的。雅

克·居亚斯(Jacques Cujas, 1520－1590)和弗朗索瓦·霍特曼(Francois Hotman)并不将其注意力局限于罗马法,他们还研究欧洲的蛮族入侵者法律,如伦巴第人和法兰克人的法律。如在1566年,居亚斯编纂了《采邑法全书》(*Libri feudorum*)。他和其他人如《采邑法》(*Ius feudale*)的作者托马斯·克雷格爵士(Sir Thomas Craig, 1538－1608),开始意识到中世纪的法律和社会组织与罗马人的非常不同。他们最终发现了封建社会,如我们现在所称呼的那样。如在比代已确定他们身份的情况下,居亚斯区分了封建封 37
臣(vassal)与古罗马及其他地方的"门客"(client)。

> 我将封臣与门客区分开来。将封臣十分恰当地称为门客有时是可能的,但它们之间仍存在着明显的区分。门客没有服兵役的义务,封臣得服役(成为封臣的一个条件就是接受命令后必须参加战斗),或让他人代替,或交给领主库房一定款项……门客对财产有完全的所有权,而封臣只有采邑的使用收益权,不论是在临时的或永久的基础上;只有领主拥有采邑……什么是采邑?它是指永远使用和享有另一人财产的权利,所有者给予的条件是接受者必须臣服于他,并为他从事军事或其他服务。
>
> 居亚斯,《论采邑》(*On Fiefs*),译自他的《著作集》(*Works*)(1658年)巴黎,卷2,591—594行。

如斯佩尔曼认为,在诺曼征服之前的英格兰没有"封地"(feud),即他所称的"采邑"(fief)。他和瓦拉一样从语言学开始。他指出,"在撒克逊人的任何律法或古老契约中既没有发现封地的词语,也没有找到土地使用权(tenure)的词语"。但他最终写成社会史,讨论盎格鲁-撒克逊英格兰的社会结构和土地使用权的条件。学者们从观察词意的变化转向观察法律的变化,又从那转向社会的变化。

封地是封臣对土地或领主的某些不动产所拥有的一种权利，世袭使用并从中获利，回报领主的是封建义务和服役，即是以服军役为条件获得土地占用权。而土地的绝对所有权永远在领主那里……

封地、土地使用权和封建法本身，其最初形式似乎源自日耳曼人和北部民族。因此在这种情况下（无论多么模糊）作为凯撒和塔西佗的遗留物，米兰执政官杰拉尔多斯·尼吉尔（Gerardus Niger，他在公元1176年前后享有盛名，第一个将它们编纂成册）发现之时便着手研究……如果我们将其理解为撒克逊人的封地或那种性质的封地，我们就会相信它们不过为了生活，没有从领主那获得更多的恩惠，既不可继承，也不能进一步扩展……

38 现在让我们继续考察封地何时又是如何成为世袭的。有人指出这个问题出现于两位日耳曼皇帝治下（大约在973年一位继承了另一位）。而据公众认可的观点（后面将详述），其真相是大约在987年，当于格·卡佩（Hugh Capet）推翻卡洛林王朝夺取法兰西王国时，为了加强自己的力量并拉拢所有法兰西贵族支持他的集团（Faction），他于988年授予贵族们终身享有他们的封地和荣誉，或随其王孙们（Princes）的意愿；他们应以宣誓效忠的封建方式，而从此永远拥有并传给继承人。相应地他会维护那些权利，因为贵族们支持他及其继承人拥有法国的王位；他们高兴地接受了这些。

对于诺曼底公爵威廉（我们称其为征服者）如何稳固刚获得的英格兰王国来说，这是一个有利的方向，他没有放弃这个机会。以其勤勉与远见，他即刻将故国习俗引入英格兰（正如黑色方格棋书所见证的），其中（随后会说明）就有让封地世袭的法国新习俗，而不顾我们撒克逊人祖先以往的用途。像除法国人外的所有其他族群一样，它直到那时继续他们的封地和占有权，或武断地或明确限制，按照日耳曼人的古老习俗，这一习俗当时被整个欧洲普遍地接受。通过众多的殖民地和进入核心地方的移民，他们携带着这些封建礼仪，在他们中间使用；并把那些仪式和习俗传给所定居的几个国家，通过这种方式，使那几个国家在封地和军事习俗上保持普遍的一致性。因此，它们由伦巴底人带入意大利，由撒利人带入法国东部地区，由法兰克人带入法国西部，由撒克逊人带入我们的不列颠，由他们的邻居西哥特人（他们在礼仪、法律和习俗方面与日耳曼人交流）带入西班牙，以及由东哥特人带入希腊以及欧洲的东部地区……

亨利·斯佩尔曼爵士“封地和土地使用权”（Feuds and Tenures），写于1639年，《斯佩尔曼遗著》（*Reliquiae Spelmannianae*），（1723年），伦敦，pp. 2—5。

3 万物皆有史 39

文艺复兴时期，人们越来越意识到各种事物——建筑物、服装、语言、法律——都随时间而变化。乔叟（Chaucer）在《特洛伊罗斯与克丽西达》（*Troilus and Criseyde*，约1386年）中明确表达了早期这种意识。

你们都知道，每过一千年，语言就变了形式，
当初很有意义的字眼，人人援用，如今却觉得琐屑怪癖；
古人讲爱其实和今人同样认真；
不过时代和地域既有不同，获爱的风尚也就悬殊了。①

罗宾逊（F. N. Robinson）编辑，（1957年），牛津，卷2。

这种将语言视为历史产物的看法，在瓦拉那里可见更先进的形式。他在对《君士坦丁赠礼》真实性的考证中含蓄地表达过，而在他的《拉丁语的优雅》（*Elegantiae*）中明确地将罗马帝国衰亡与拉

---

① 〔英〕乔叟，《乔叟文集》，方重译，上海译文出版社，1979年版，第123页。

丁语衰落相对照，认为前者导致了后者。

此外，一些作家开始关注宗教的历史。波利多尔·弗吉尔(Polydore Vergil，约 1470—约 1555)在其著作《论发明者》(*On Inventors*)中讨论了宗教及很多其他主题。托马斯·肯德里克(Thomas Kendrick)爵士称这部著作为文艺复兴时期的“《金枝》”(*Golden Bough*)，因为波利多尔专注于基督教仪式中可能存在的异教起源。他着迷于宗教何时以及为何发生的问题，他有某种社会史观，意识到农业到来的政治意义。

> 毫无疑问，在农业之前，在没有任何统治者的情况下生活着的人们，开始尊敬他们的第一批国王，如此赞美他们，以至于受恶魔的启发而称其为神。可能这是由于他们突出的美德，或者像惯常一样奉承他们，或者因为在感恩节获得了恩惠。正如国王被他们的国民所爱戴，子孙后代因此满怀感情地纪念他们。人们制作国王的图像以便能瞻仰他们。他们不久便开始像神一样崇拜他们，以激励美德。因为如果他知道对勇敢者的缅怀是被神的荣典奉为神圣，每一位好男子将更乐意为团体承担风险。这样[如圣居普良(St. Cyprian)在其著作《论偶像》(*On idols*)中所解释的]，人为的宗教开始逐步地产生——父母们教他们孩子这些仪式，他们又教他们的孩子，依此类推。因此，在朱庇特时代[根据拉克坦提乌斯(Lactantius)，卷 2，第 11 章]建造了第一座神殿，开始了新的诸神崇拜；或许稍稍早些。因为如他所说，可能在朱庇特时代之前，或者当他是一个孩子时，抚养他长大的麦里索(Melissus，如下文将要指出的，所有宗教仪式由他那产生)开始崇拜受照料者的母亲与他的祖母大地女神(Earth)和他的父亲萨图恩(Saturn)。他先于特洛伊战争 322 年。据说，巴比伦人和亚述人所崇拜的柏罗斯(Belus)也生活在这个时代——我的典据见于西奥菲勒斯(Theophilus)写给奥托吕科斯(Autolicus)的著作《论时代》(*On Times*)。因此，有些人认为崇拜神自开天辟地之时就存在，这是错误

> 的……[按照希罗多德(Herodotus),第 2 卷,以及斯特拉博(Strabo)的《地理》(*Geography*)第 17 卷的说法]是埃及人首先为神建立祭坛、神庙和图像并献祭,然后将这些礼仪传授其他人。
>
> 波利多尔·弗吉尔,《论发明者》(*On Inventors*),(1499 年)威尼斯,卷 1,第 5 章。

16 世纪初,罗马教会已脱离古代教会习俗的思想广为传播,这有利于它回归本源。再洗礼派教徒鼓吹原教旨主义,要求严格地按照圣经的律令行事。路德和加尔文则更具选择性,并希望回归《福音书》和圣保罗《使徒书》中的精神。在这两种形式中,宗教改革的主要思想都表明了新的历史意识,意识到教会随着时间推移已发生了变化。当然,改革者也认为返回到古代教会是可能的,我们可能感到这个观点是"非历史的",但它却是一个不同的观点。这里是加尔文从早期教会历史的角度对可称作教会"章程史"所进行的讨论。

> 我们业已讨论到那由神纯正的道所传给我们的教会体制,和由基督所设立的教职。现在为求更明白亲切地表白这些事,且更深刻地印入我们心中,对上述各端在古代教会(Église Ancienne)中的情形加以研究,乃是很有益处的事,因这可以将神所设立的,用实例呈于我们的眼前。因为那时的主教发表了
> 许多教条,其所表达的似乎过于圣经所表达的,然而他们是小 41
> 心翼翼地按照神之道惟一的准则,去订立他们全部的制度,所以在这一方面,我们鲜能发现什么与主的道不相符合……
>
> 选立主教权由人民保留了一个长久的时期,凡不为大众所接受的人,是不得其门而入的。所以安提阿会议(Council of Antioch)颁布,若不得人民的同意,就不能任命主教,这是由利奥一世(Leo I)公然认可的。因而他有下列的训示,凡是为教士及会众或至少为大多数的人所求的,就是被选举的。教皇又

说：凡管理众人的人，须为众人所选举。因为凡被任命的，若未先被认识和考验，就必是由于暴力而闯入的。他又说：凡是为教士所选择，为人民所爱戴的，应当是被立的，且必须由大主教授权该省的主教们加以按立。当时的虔敬教父们非常谨慎，不让人民的这种自由权利受到任何侵犯，所以当君士但丁堡会议委任了涅克塔留(Nectarius)时，他们必要得着众教士和民众的允许，这是由他们给罗马会议的书信可以证实的……[①]

约翰·加尔文(Jean Calvin)，**《基督教要义》**(*Institues of the Christian Religion*)，(1560 年版)，卷 4，第 4 章。

有关加尔文历史意识的另一个有趣的例证来自他对伪造遗物的抨击，其中他讨论了士兵们从基督身上脱下的长袍。

最可笑的是他们不仅展示了长袍，还展示了士兵们用来拈阄的骰子。其一在特里尔(Trier)，另两个在西班牙的圣萨瓦尔多(Saint Salvador)。他们在这件事情上显露出自己的愚蠢，因福音书作者所说的士兵抽签，当时是从帽子或罐子中抽取的，如同你挑一张第十二夜王(a Twelfth-Night king)或玩"彩票"(la blanque)[②]时一样。简言之，他们抽签，如同有配给物时常做的一样。这些白痴想象着士兵们在掷骰子，而这并非那时习见的的游戏，至少不是我们所知的形式，因为他们称某些符号为"维纳斯"或"狗"等，而非 6、1 或其他数字。

约翰·加尔文，《论文物》(*Treatise on Relics*)，(1543 年)(1962 年版)巴黎，p. 58。

---

① 〔法〕加尔文，《基督教要义》，纽约协和神学院教授墨尼尔(J. T. MoNeill)选辑，徐庆誉和谢秉德译，1954 年。

② 一种 16 世纪的彩票。——原注

如同宗教，艺术也被认为有历史。文艺复兴时期视他们的艺术为经历野蛮风格和“希腊风格”后回归古代表明了这点。乔治·瓦萨里（Giorgio Vasari，1512－1574）经典地论述了艺术有着历史、它可以分成几个阶段并在进步的思想。 42

我决定撰写那些最杰出的艺术家的历史，一则尽我所能有助益于艺术，二则表达我对这些艺术家的崇敬之情。我将尽可能模仿那些最伟大的史学家的方法。我不仅要记述艺术家的作品，而且力图要把一般好的、较好的和最好的作品区别开来；我还要说明不同画家和雕塑家的工作方法、情感、风格、行为和思想；我也要尽最大的努力让那些无法亲自查明内情的人明白各种风格的缘由与起源，以及艺术在不同时间和不同人之间取得进步或退化的原因……我把从艺术复兴到我们自己的时代之间的漫长岁月分为特征截然不同的三个部分，或者说三个时期。

在第一个也是最古老的时期，三门艺术距尽善尽美的境界甚远，尽管它们也显示出某些优点，但缺陷更多，因此，不应过分赞誉。但不管怎么说，它们毕竟标志着一个崭新的开端，并为随后更优秀的作品奠定了基础。就凭这一点，我们不仅不应将其贬得一无是处，还应给予一定的赞扬，当然，严格按照艺术的标准判断，这种赞美或许没有必要。

到第二个时期，艺术无论在创意还是具体创作中都显示了巨大的进步：构图更精妙，风格更优美，润饰更细腻；艺术家清除了旧风格的残余，也清除了第一个时期所特有的僵硬和比例失调。但有谁敢断言这一时期出现了在一切方面尽善尽美，能在作品的创意、构思及着色方面都堪与今天的水准相媲美的艺术家呢？有谁在他们身上发现了逐渐加深人像阴影部分的色彩，而保留突出部位的光线，从而达到凸显人物形象的手法？又有谁看到了现代大理石雕刻的穿孔技巧和精湛的雕琢技艺？ 43

这些成就无疑属于第三个时期，对于这一时期，我可以肯定地说，作为自然的模仿者，艺术已经尽其所能，达到了登峰造极的境界，以致我们如今不是奢望它进一步发展，而是忧惧其衰落。

经过反复思考，我得出以下结论：三门艺术都经历了从粗劣到逐步改进，最终臻于完善的过程，这正是它们的根本属性和特征。我还注意到，其他知识领域也取得了类似的进步，而且，所有的自由艺术之间也确定无疑地存在某种关联，这进一步肯定了我的观点。①

乔治·瓦萨里，《名人传》，(1550年)，第2部的前言，布尔(G. bull)译，(1965年)伦敦。

瓦萨里最后一句话指出了完全的文化史途径。他同时意识到艺术的标准已发生变化，因此所有更多的荣誉应归于契马布埃(Cimabue)和阿诺尔弗·迪·坎比奥(Arnolfo di Cambio)，因为他们生活在“黑暗”时代。历史相对主义的教条一度在瓦萨里这儿变得明显。

对于有些人来说，也许我对任何艺人(无论是古是今)都作了过分的赞扬，他们把古代的艺人与现代的艺人做比较，也许会嘲笑古人。对这些人我没有别的话可说，我只想说：我的本意往往是想不是绝对地，而是相对地(*non semplicemente ma, como s'usa dire, second ché*)进行赞美，即考虑时间、地点和其他类似条件。②

乔治·瓦萨里，《名人传》，译文见潘诺夫斯基(E. Panofsky)的《视觉艺术的含义》(*Meaning in the Visual Arts*)(1955年)纽约，p. 212。

---

① 〔意〕乔尔乔·瓦萨里，《辉煌的复兴》，徐波、刘君、毕玉译，湖北美术出版社，2003年版，第4—5页。

② 〔意〕欧文·潘诺夫斯基，《视觉艺术的含义》，傅志强译，1987年版，第243页。

在瓦萨里提出艺术具有历史的观点之后不久，文学上也出现了相应的观点。埃蒂安·帕基耶（Étienne Pasquier，1529 - 1615）提出了法国文学的进步理论。

> 艺术和科学像其他任何事情一样，连续性中有革新和断裂，并从一些国家传向另一些国家。我们沉溺于无知已久，直至路易七世（Louis VII）及其子腓力·奥古斯都（Philip Augustus）治下的文学（*leo bonnes letters*）开始觉醒。在拉丁文诗歌方面，我们有莱奥尼努（Leoninus）和加尔特鲁斯（Gualterus），他们用拉丁文撰写了《亚历山德里》（*Alexandreid*）；法国诗歌也开始焕发生机……从腓力·奥古 44
> 斯都时代到美男子菲利普（Philip the Handsome）时代，我们有无数的诗人，其中我觉得圣克卢的皮埃尔（Pierre de St. Cloud）和让·李·纳夫洛瓦（Jean li Nevelois）比其他人更有名声……万物皆因时而变（*selon la diversite des temps*），我们法国诗歌休眠多年之后，一些新果实开始出现在旧枝头，它们对于我们所有古诗人来说是陌生的：它们是皇家赞歌（*chants royaux*）、三节联韵诗（*ballades*）和回旋诗（*rondeaux*）……这些皇家赞歌、三节联韵诗、回旋诗和田园诗（*pastorals*）约在查理五世（Charles V）时代开始写作，在他治下，国家富裕繁荣，文学也开始复苏。他高度重视文学，请尼科尔·奥雷姆（Nicole Oresme）大师将亚里士多德的大部分著作译成法文，并让他成为里修（Lisieux）主教。在我看来，为新诗做出巨大贡献的人是让·傅华萨（Jean Froissart），他还给我们带来所撰从瓦卢瓦的腓力（Philip of Valois）时代到 1400 年的漫长历史这一礼物。使我惊讶的是，他在此前时代并没有被誉为一位诗人，因我曾在枫丹白露伟大的国王弗朗西斯（Francis）的图书馆里见着他的大卷诗歌……以充分理由让我们的诗歌流行起来的第一人，是让·勒迈尔·德·贝尔热（Jean Lemaire des Belges）大师，我们对他怀有无尽的感激，不仅因为他有关高卢人名声的著作，

> 还因为他以无穷多样的措辞极大地丰富了散文和诗歌，这些措辞偶尔也会为我们时代最优秀的作家所采用……路易十二去世后，伟大的弗朗西斯继任，这一称呼的首要方面是，他是文学的恢复者，他的榜样激起了无数才俊的人效仿，尤其在法国诗歌领域。其中克莱芒·马罗(Clement Marot)和圣热莱的梅兰(Mellin de St. -Gelais)最为重要……我所讲的所有这些人就像一个幼稚园，亨利二世治下的其他一些伟大诗人也参与其中。这些人开始时声称为自己而非为取悦民众而写作。首先迈出这一步的人是里昂的莫里斯·塞夫(Maurice Scève of Lyons)……此时发起了一场针对无知的伟大战争，先头部队便是塞夫(Scève)、贝兹(Bèze)和佩尔蒂埃(Pelletier)，或是你更喜欢另一个形象，这些人就是其他诗人的先驱。紧随其后的是比埃尔·德·龙萨(Pierre de Ronsard)，旺多姆人，以及约阿基姆·迪贝莱(Joachim du Bellay)，安茹省人……亨利国王去世
> 45 后，法国的宗教战争搅浑了帕尔那索斯山(Parnassus)的泉水，但我们的精神依然在渐渐复苏，而我们现在不乏优秀的诗人……
>
> **埃蒂安·帕基耶，《法国研究》(*Researches on France*)，(1611年)巴黎，卷7。**

在英国，理查德·帕特纳姆(Richard Puttenham，约1520—约1601)，在他的《英国诗歌艺术》(The *Art of English Poesie*)里提出了英国文学进步的类似观点，从乔叟到怀亚特(Wyatt)再到萨里(Surrey)。在法兰西，兰瑟洛·瓦赞·德·拉波普利尼埃尔(Lancelot Voisin de la Popelinière，1540－1608)写下《史学史》(*The History of Histories*，1509年)，第一部关于历史之史。而弗朗西斯·培根(Francis Bacon，1561－1626)在他关于学术史和艺术史写作方法与重要性的著名论述中，概括了所谓“文化史”即将兴起的整体趋势。

> 社会史(Civil History)也许可恰当的分为三类。首先，宗

教史；其次，我们称之为社会史（特别使用了属称）；最后，学术史。我将从最后一类开始，因为前两者是现存的，而后者（学术史）我认为还是缺乏的。对我来说，缺少了学术历史，世界的历史就如同波吕斐摩斯（Polyphemus）雕像缺少眼睛一样；最能体现人的精神和活力的地方没有了。我知道在诸如法学、数学、修辞学、哲学这些特定科学里，确已出现了一些学派、学者和著作、作者及其传承，还有对于一些技艺和用途的来源的粗略论述；而我说，一部完整而普遍的学术史依然缺乏。由此，我将阐述论据、构建方法和用途。

论据就是从所有时代的记载中调查和收集哪种特定类型的学术，在哪个时代哪个地区繁荣过；它们的古代遗物、它们的进步、它们在地球不同地方的迁徙（因为科学像种族一样迁徙），以及它们的衰退、消亡和复兴。同样还应该观察每种技艺出现的时机和由来、传播的方式和体系，以及研究和实践的计划和规则。还应加入派别的历史，还有学者们参与的主要争议、他们所遭受的诽谤、所获得的赞扬和荣誉；主要作者、著 46
作、学派、传承、学园、社团、大学、会社的记述，总之，与学问状况相关联的一切事情。最重要的是（因为这是社会史的外观和生命），我希望事件与原因相结合。我的意思是，记述应包含若干地区和民族的特性；他们的自然禀性，无论是善于和适于研究学问，或是不适于与漠视学问；时代的偶发事件，无论是利于还是不利于科学；不同宗教的争斗和灌输；法律的敌意或偏袒；个人在增进学问中的杰出美德和贡献等等。我将以历史的方法来处理所有这些，不浪费时间模仿批评家的方式来赞美和责备，只是历史地叙述事实，稍加个人的判断。

至于编纂这种历史的方法，我特别建议，它的主题和条目不应仅来自历史和评注，还有写于各世纪的重要著作，或在更短的时期写的，都应当按年代顺序记载清楚。（我不是说全部的细读，那将是无尽的劳动，而是）通过随处体会，观察它们的论据、风格和方法，那么每个时代的文学精神似有魔法，犹如死而复生。

这项工作的价值和目的，不是以大量的幻象来增强学术的荣誉和盛况，也不是出于我对学问的过分热爱，我希望探究、了解并保存与之相关的一切，出于好奇心的追求也罢；而主要是为了一个更严肃而重要的目的。简言之，就是使学者们更明智地运用学术、管理学术；它将展示发生于知识与社会方面的动态和善恶；并从对这些问题的观察中，也许产生并确立良好的政府体系。阅读圣安波罗修或圣奥古斯丁的著作并不能像认真阅读和观察宗教的历史那样，使人变成一个聪明的神学
47 家；而学术史会同样有助于有学问者。因为任何事情都服从于不为实例和经验支撑的机遇与谬误，学术史也是如此。

培根，《学术的进展》(*De Augmentis*)，(1623 年)，斯佩丁译(J. Spedding)，卷 2，第 4 章。

15、16、17 世纪高度历史意识的另一事例就是对时序问题的强烈兴趣。最大难题是如何使圣经年表与古代其他民族的年表相一致。约瑟夫·朱斯蒂·斯卡利热(Joseph Justus Scaliger, 1540－1609)的《年代学改革》(*Reform of Chronology* [*De emendation temporum*])是这一领域的里程碑式著作，1583 年于巴黎出版。该著附有大量的图表并吸收了天文学和历史学的最新成果，利用了除希腊、罗马和犹太民族外其他民族的记录材料。斯卡利热将所有年表简化为一个新年表，儒略历(the Julian)。它是 7980 年的一段时期，通过合并太阳周期(28 年)、月亮周期(19 年)和古罗马诏示周期(无天文意义的 15 年周期)获得的。他的年表起始于公元前 4713 年，这一年三个周期相重合，也是所有已知历史事件前的一年。他的著作受到两位耶稣会士的批评，一位是天文学家克拉维乌斯(Clavius)，他写了一篇关于斯卡利热"测圆法"(cyclometry)(他这样称呼的)的驳论；另一位是佩塔维斯(Petavius)，在其著作《论年代学》(*On Chronology*, 1627 年)中。还有一位耶稣会士胡安·德·马里亚纳(Juan de Mariana, 1535－1625)以其政治理论为

人熟知，论述了特定年代学难题，如基督死亡的确切日期以及欧洲与阿拉伯年表体系间的差异。在英国，对该学科做出巨大贡献的是阿尔马(Armagh)大主教詹姆斯·厄谢尔(James Ussher，1581-1656)，一位对早期教会和早期爱尔兰史有着特别兴趣的著名学者。他于1650年出版了著作《旧约编年史》(*Annals of the Old Testament*)。在致读者的信中道出其抱负：

> 如果一个人不只精通神圣的和外来的(也即世俗的)历史，还精通天文计算与古老的希伯来历法知识，就应致力于这些研究。我认为这委实困难，但并非不可能，因为要获取的不只是年数，甚而是自创世以来的天数……

他的关于创世日期的结论，以其天真地确定了"起始时间"而著称。

> 起初，上帝创造天地，《创世记》第一章第一节。根据我们 48
> 年代学者的观点，起始时间始于儒略历710年10月23日前夜……(旁注：基督前4004年)。第二天(10月24日，星期一)完成了天空的创造，它被称为天，由水分开在上，水在下包围着地。
>
> 詹姆斯·厄谢尔，《旧约编年史》，(1650年)，出自1658年译本，p. I。

不过，同佩塔维斯和斯卡利热一样，厄谢尔因使用很多史学家并不能轻松处理的天文数据；因他对埃及和亚洲历史的研究；还因他对基督出生的传统日期的否定与建议而应受称道，正如他所说，

> 我们救世主真正的诞生日，比通俗的基督教时代开端整整早四年。

年代学研究是新的历史意识中最具技术性的方面。为结束这一章节，我想把话题转向1600年前后普通受教育者的感受力。本章所讨论的学者工作已使这时候的人们意识到古代在许多方面不同于现今，特别是古典时代更是如此，这种意识可见于文学作品中。本·琼森(Ben Jonson)是卡姆登和塞尔登这些史学家的朋友，本人也对历史有着强烈的兴趣，他竭力让他的罗马戏剧成为真正罗马人的。如在《西亚努斯》(*Sejanus*)中，他介绍了一种罗马的宗教仪式，致幸运女神(Fortune)：

西亚努斯家的小礼拜堂。

传令官(Praecones)、号手(Tubicines)、吹笛者(Tibicines)、祭司(Flamen)、司祭(Ministri)、西亚努斯(Sejanus)、泰伦提乌斯(Terentius)、萨特里乌斯(Satrius)、纳塔(Natta)等进入。

传令官：所有渎神的远离；远远地离开：
远远地不要出现。所有渎神的远离。
(号手、吹笛者发出声音，祭司在洗涤。)
祭司：我们有过过失，但我们现在悔改，
且带来洁净的手、洁净的法衣，和洁净的心灵。
1　司祭　洁净的器皿。
2　司祭　还有洁净的供物。
3　司祭　花环纯洁。
49 祭司：授予你花环，并充满敬意地摆放
马鞭草置于祭坛上。
传令官：选择你的语言。

当他们再一次吟唱时，祭司用手指蘸蜜品尝，然后是司祭及所有其他人，他们同样取出和品尝了陶器中的牛奶。他处理这些事情：结束后把牛奶洒在祭坛上，然后用蜜，并点燃树胶，向祭坛焚香致敬后将香炉放置其上，放入几支罂粟花，音乐停止，继续进行。

祭司：伟大的幸运母亲，人类的女王，

行动的女教区长，命运的女仲裁人，
所有的影响、所有的权力、所有帝国都向她鞠躬致敬，
请降临，并接受我们的誓言。
本·琼森，《西亚努斯》，(1630 年首演)，第 5 幕第 4 场。

莎士比亚虽不像本·琼森那样关注细节的准确，但在他的罗马戏剧中传达出一种罗马的和斯多葛的而非英国的或基督教的价值观，如自杀被视为高贵的行为。这种对于不同时代不同价值观的同情意识，不只归功于莎士比亚的天才，也归功于文艺复兴时期的历史意识。它是普桑对古典时代面貌的感受，在文学上的对应物。

50 第三章　原始资料与怀疑态度

文艺复兴时期，学者们更能辨别材料的优劣，这种证据意识的不断增强特别体现在揭示某些文献为伪造、某些信念为神话的事例中，尽管也可见于文本的重新解释、重要材料的精心编辑以及简明的历史叙述中。

1　文献批评

文献批评似乎还是起始于彼特拉克，查理四世（Charles IV）皇帝曾询问他关于那份宣布免除其“奥地利”管辖权文献的真实性。这一事例及其后的事例表明，时序意识与证据意识是多么密切地联系在一起。正是由于许多年代上的错误，彼特拉克断定那一特权是伪造物。值得注意的是，彼特拉克同时使用了内在的和外在的两种批评方法。

> 弗朗切斯科·彼得拉尔卡致罗马皇帝查理四世（1355 年）
>
> 有关免除皇帝对奥地利管辖权的伪造特权。谎言总是无力且易于发现，它们难以逃脱敏捷才智者的裁决。今天清晨，我看到一个布满文字但缺乏真实性的手写本。我不知作者为谁，但无疑不是一位有识之士，而是一小学生，一无知的作者，一个想说谎却又力有不逮者——否则他就不会犯如此蠢笨的错误。伪造者通常让谎言带有几分真实性，这样便可能相信从
> 51 未发生的事，因为它与确实已发生的事情相似。
>
> 这位作者——完全疯了——似乎相信以这种伎俩便可以

颠覆罗马法以及由军队、法律和美德保卫的帝国。他至少制造过更精巧的谎言，它对那些近乎失明的人来说看起来无误。

我毫不怀疑，皇帝陛下，对于您、您的贵族、智识之士，尤其对于您的眼光犀利的内臣来说，这个无赖的整个谎言一眼便能看穿。可是您还是征询我的意见。我将告诉您它给我的第一印象，尽管我忙碌又紧张。陛下让我参与这个机密并认为我是揭露这些欺诈的恰当人选，是莫大的荣誉。

我不想讨论这点，即没有人拥有高于其同等地位人的权威，尤利乌斯·凯撒和尼禄没有颁布任何您无权废除的法令。骗子以其笨拙的诡计假称他们是那项可耻特权的作者，仿佛最贤明的君主所颁布并由最糟糕的君主所确认的东西不能被任何人废除之际，他没有认识到这一点。我将这个问题留给您的法学家们，或更好是您本人，因为(正如我年轻时在法学院所习得的)您心里装着所有的法律。

现在开始谈您所期待的。“我们”，他说，“皇帝尤利乌斯·凯撒，我们，凯撒，诸神的崇拜者，大地之主，至高无上的奥古斯都”，等等。谁如此愚蠢、如此无知而看不出这里所说的几乎全是谎言？尽管如卢坎(Lucan)所言，这种不切实的复数词长期以来一直用于称呼伟人，但他们本人并不使用。因此，尽管谄媚的属下开始说到凯撒时好像他是复数形式似的，在他之前不曾对任何人这样做(后来才成为一般习惯)，他本人在对他的军队讲话时，总以单数形式来称呼自己。那个蠢人不知道这一事实，否则他会更谨慎地吼叫。

我有一些尤利乌斯·凯撒的私人信件。他的许多演讲辞可见于卢坎和其他作者的著作中，萨鲁斯特的著作中也有一篇，这些演讲辞都不是他写的，而是那些著作家本人撰写的。但他亲自口述书信，这里有一例。

“凯撒向奥庇乌斯(Oppius)和科尼利厄斯(Cornelius)致敬。我最为欣慰从你们的信中获悉，你们完全同意在国境线上 52
(Confinium)所做的事情。我应感激你们的建议，因为我打算去做我本人勉强赞成之事。”

又一次：

“凯撒向奥庇乌斯和科尼利厄斯致敬。在三月十五日前的第七天，我来到布林迪西(Brundisium)并在它的城墙附近扎营。庞培(Pompey)在布林迪西，他派玛吉斯(Gn. Magius)来与我议和。我依原计划回复，希望你马上知晓。当有望达成协议时，会即刻告诉你。”

再一次，致信西塞罗：

“尽管我知道你并不害怕，也不信你会轻率行事。但为谣言而感担心，我想该写信给你”，等等。

这里有他的一封信，更准确地说，是一项法令，事关一个重要问题，不是写给个人的朋友，而是写给西顿(Sidon)人的。如下：

“尤利乌斯·凯撒，将军(最高统治者)、大祭司和独裁者再次问候西顿和辛迪亚(Cinthia)的地方法官和人民。你们若安好就好，我的军队和我也很好。我已送给你们一份给伊尔卡诺(Hircanus)的法令副本，犹太人的统治者、大祭司亚历山大之子将加入你们的政府年报中。我希望这项法令用希腊语和拉丁语写在青铜上。随后根据他们祖先的习俗，我任命伊尔卡诺和亚历山大的儿子们为犹太人的统治者，永远是他们的大祭司。我命令他及其子当被视为我们的同盟者、我们的挚友，应享有大祭司的所有权利”，等等。

如果你想要这封信，可在一位极可信赖的作者约瑟夫斯(Josephus)的第三书中找到。我还可以给出更多的事例，让你看到他的风格。尤利乌斯·凯撒自称奥古斯都！谁看不出这是多么虚假、多么可笑？我想每个小学生都知道那个称呼是他的继任者开始使用的。读一读弗洛鲁斯(Florus)、苏维托尼乌斯(Suetonius)、奥罗修斯、尤特罗庇乌斯(Eutropius)的著作，事实上阅读所有的历史学家。除了这个傻瓜每个人都知道，他的叫喊是多么地不恰当。

我不明白以下这些,一位杜撰出来的叔父,非常离奇的事情,仅见于这些涂鸦,而不见于其他任何地方,尤为怪异的是甚至凯撒的父亲也几乎不为人知。若不是我一直相信这个男 53
子有着如此巨大的荣耀,如此显赫的声名,以致周围之人都如同太阳边的星辰一般暗淡无光,我将惊讶于此。我不知道这位叔父来自何方,或在哪隐藏了如许多世纪,或是因何罪行而被带至天涯海角。我极其惊讶一名匿名证人被带入案件,在如此重大的事件中,信任一个其名字如同证言一样可疑的人。这项特权也是无效的,因为它缺乏享有者的名字,既然特权(正如我在孩童时获知的)是严格受限使用的。这里有很多东西都在削弱它的真实性,而我将这个问题留给您的律师。

难以严肃地论证被称作"奥地利"(Austria)的是一个东部地区。"南方"(Auster)和"东方"(Oriens)是有区别的。它们是不同地区的方位名称,而方位是随着一个人自己的位置而变化的。从罗马、从公文声称所来自的城市看来,他从帝国的管辖权中迁出奥地利这个地区,奥地利不是南方,而是北方。

公文日期也明显错误。它没有标出精确的日期,也没有标出在位的执政官。只有傻子才会说"于我们治下元年星期五在罗马颁发",没有加上月份和日期。哪个牧羊人、哪个农夫会这样写——更不消说一个除了有着其他伟大业绩之外还革新过历法之人!而他说"我们治下",不但远离真实,还会激起义愤和笑声。因为,正如您所听到的,凯撒希望被称为"将军"(*imperator*)、"大祭司"和"独裁官"——从不是"国王"(*rex*)。我们从书中知道罗马最初时期有七位国王。之后希望成为国王者被刀剑所杀或从卡匹托尔山岩石上抛下摔死。我承认凯撒被人怀疑想成为国王,但仅是被他的仇敌们怀疑。他是如此审慎、如此细致地对待自己的名声,而不会接受一个让他声名狼藉的头衔。他宁肯称自己为"小丑""奸夫"或"皮条客",而不愿称自己为"国王"(或让自己被称为国王)。事实上,他甚至不会容许它,因为其他名称是可耻的、堕落的,而国王这一称呼在罗马则是可憎的、危险的及无法容忍的。这里是证据。

当西班牙人出于对大西庇阿(Scipio Africanus)伟大而辉煌成就的崇敬而给予他“国王”的头衔,看看他的回答。我引述
54 李维本人的话。“当传令官让安静下来后,他说他的最伟大头衔是‘将军’(*imperator*),这是士兵们赋予他的。‘国王’是其他地方的一个伟大称呼,但在罗马是不能容忍的。”卢坎因此说道“凯撒就是一切”,意即他本人集罗马所有的荣誉于一身,罗马没有王室头衔。凯撒不可能提及他的“统治”:如果他这么做了,他就会受到诅咒和抵制。

这是我对有关尤利乌斯·凯撒故事的那个无知而愚笨的谎言制造者的答复,绝大多数也适用于他关于尼禄的言论,其结尾是“在伟大的战神马尔斯日(星期二)签订”。啊,多么无耻、愚蠢的人!你将如何回答批评者?什么星期一和星期三先于或后于这一天?谁能容忍这肆无忌惮的谎言、这样的蠢行?

陛下,你可以大笑并感到高兴,反叛者对您的伤害远低于他们所希望的;他们攻击您的权威,并要求基于谎言而非他们实现的自由。如果他们能,他就不会以这样的谎言开始,“我们,尼禄,诸神的朋友”,当我们读到他藐视所有的神祇;因为苏维托尼乌斯在《罗马十二帝王传》(*Lives of the Caesars*)卷六中说起他:“他总是蔑视宗教,除了女神叙利亚(Syria)外。但他不久便鄙视她,足以玷污其形象。”

噢,陛下,这些就是我目前的解释,没有详细的研究。我忽略了两封信的风格问题,它自始至终是原始与现代两种风格的混用。显然这些公文是最近匆忙拼凑而成的,幼稚地模仿古人的风格。看不出其虚假性是不可能的,每个词都很明显。整个事情如此不同于伪造者的原初目的,如此远离古代和凯撒的风格,一个轻信的老妇人或一个山民也许会上当,但一位睿智者肯定不会。

您寄给我一封在愤怒中口述的信。我非常赞赏它的风格,而且为您不只是一名战士和法官还是一位作家应受的赞美而

> 高兴。
>
> 皇帝陛下，再见。记住我和帝国，并过上这样的生活：您的朋友不向您撒谎，您的敌人害怕您。
>
> 米兰，四月初一前十二天，匆忙见谅。
>
> F. 彼特拉克，《著作集》(*Works*)，(1554 年)巴塞尔，pp. 1055—1058。

第二个怀疑态度的例子。科卢乔·萨卢塔蒂(Coluccio 55
Salutati)，人文主义者与彼特拉克的追随者，在 1401 年一封信中把达雷斯(Dares)和狄克提斯(Dictys)的历史看作虚构的，尽管他没有揭露他们。

所有揭露伪造文件中最著名者，是揭露君士坦丁赠礼(前文，第 12 页)。在 15 世纪中期，这份文件突然被视为伪造物，这一论点由库萨的尼古拉(Nicholas of Cusa，1401—1464)、雷金纳德·佩科克(Reginald Pecock，约 1395—约 1460)和洛伦佐·瓦拉以及其他一些不太知名的学者分别提出。这一同时性表明了新的历史意识正在传播中。库萨的尼古拉在著作《论普世教会的和谐》(*On Catholic Harmony*)中指出圣哲罗姆、圣奥古斯丁或圣安波罗修都没有提及赠礼，且直到 8 世纪皇帝们才充任罗马的最高统治者。不过，他没有内在地批判该文件。奇切斯特的主教雷金纳德·佩科克给出八个理由，相信《赠礼》为伪造。下面是其理由之一。

> 主要的证据是：如果任何像现在所言的赠予是君士坦丁作出的，那么一些陈述应该来自于一些基本可信的故事或年代记。但情况却是这样的，赠予的大部分内容没有故事或年代记谈及，保存下来的这个传说或西尔维斯特成就的故事，以及之前的使徒书不太可能归于君士坦丁身上，以及取自其中和随后的那些故事和年代记；而且有关西尔维斯特成就的大部分故事以及上述的使徒书都不是可信的，也不值得认可，正如下一章前部所示，并在本章后会更清晰。因此君士坦丁所做的上述如

此伟大的赠礼不应被视为真实的。

雷金纳德·佩科克，《教会谴责的镇压者》(*The Repressor of Overmuch Blaming of the Clergy*)，(1455 年)，巴宾顿(C. Babington)编辑，(1860 年)伦敦，卷 2，p. 361。

然而，对《赠礼》的经典揭示是洛伦佐·瓦拉于 1439 年作出的。他的揭示是最为详尽而系统的批评，建立在内在和外在双重证据上。他对于《赠礼》的抨击清楚地表明语言学与历史意识的联系多么紧密。

让我们与这个谄媚者谈谈言语的不规范性；因为通过其语言的愚蠢性，他的卑劣、他的谎言得以清晰地显示出来。

56 “我们赠予”，他说，“我们帝国的拉特兰府邸”：将府邸礼物置于装饰品中似乎不相宜，在后来论及礼物处再次重复了这一点。“同时还赠予狄亚登(diadem)王冠”；而且似乎对那些礼物不熟悉，他解释道：“也即王冠。”的确，他在此处没有加上“金色的”，但随后，他强调了相同的表述，他说，“由纯金和珍贵的宝石制作的”。这个无知的家伙不知道狄亚登是粗布或丝绸做的；由此那位英明且多次被评论的国王，据说在将赠予的王冠戴在头上前，拿着它并思虑良久，惊叹道，“啊，布比快乐更知名！要是有人彻底了解你，你充满了几多的忧虑、危险和痛苦，他就不会想拿起你；决不，即便你躺在地上！”这个家伙想象它是黄金制成的，饰有现今的国王通常加上的金边和宝石。但君士坦丁不是一位国王，他也没敢自称为王，也不敢以皇家礼仪来装点自己。他是罗马人的皇帝，不是国王。有国王的地方，就没有共和政体。而在共和国甚至同一时间有许多位将军；因西塞罗经常这样写道，“马库斯·西塞罗将军，向其他各位将军致敬”：尽管后来罗马的统治者，享有至高的地位，以独特的头衔称为皇帝。

“同时还赠予提亚拉(tiara)王冠和肩带，也即帝王脖子旁经常佩戴的绶带。”谁听说过提亚拉[*phrygium*]用于拉丁语中？你说话像一个野蛮人，并希望在我看来像是君士坦丁或拉克坦提乌斯(Lactantius)的演说。普劳图斯(Plautus)在《孪生兄弟》(*Menaechmi*)中将 phrygionem 用于一位服装设计师；普林尼(Pliny)将镶有针状物的布带称作 phrygiones，因为佛里吉亚人(Phrygian)发明了它们；但 phrygium 意指何物呢？你没有解释这点，它是模糊的；你解释了相当清楚的。你说“肩带”是一条“带子”，而你没有注意到是什么带子，因你无法想象一条我们称之为带子的皮带作为装饰物绕在凯撒脖子上的情景。(它是皮革的)，由此我们将马具和鞭子称为“皮带”，而要是提到金带，它只能被理解为用来绕在马或其他动物脖子上的镀金挽具。但我想，这一点你疏忽了。因此当你希望将一根带子绕在凯撒或西尔维斯特的脖子上时，你将一个人、一位皇帝、一 57
位至高无上的罗马教皇变成了一匹马或一头驴子。“以及紫色斗篷和猩红色长袍。”因为马太说“一件猩红色袍子”，以及约翰“一件紫色袍子”，这家伙想以同样的文字加入他们行列。而如果它们是同一种颜色，如福音书作者所暗示的，你为何不能像他们那样满足于其中任何一个呢；除非像今天的无知俗人那样，将紫色用于发白的丝织品？而“紫色”(*purpura*)是一条鱼，羊毛在其血中染就，因此这种由染料而来的名字便赋予了布料，它的颜色可称为红色，尽管它可能是带黑色的，非常接近血块的颜色，一种紫色。因此血液被荷马和维吉尔称为紫色，如同斑岩一样，它的颜色类似于紫水晶；因为希腊人称紫色为“紫菜”。你也许知道猩红色(scarlet)用作红色(red)，但我发誓你根本不知道，为何当我们说“绯红色”(coccum)时他将其变成了“猩红”(coccineum)，或者“斗篷”[*chlamys*]是一种什么样的服装。

而他要是继续谈论单独的服装，也许就不会暴露出说谎者的面目，他以一个词将它们都包含在一起，说道，“帝王的所有衣服”。什么！在战争中、在追逐中、在宴会上、在比赛中他都习惯于穿那些衣服？还有什么比说凯撒的所有服装都适于教皇更愚蠢的了！

但他多么优雅地补充道，“赠予指挥帝国骑兵者相同的官阶”。他说“或”(seu)(以“或”代替“和”)。他转而想区分这两个词，似乎它们彼此很相像，而从帝王服装转向骑手等级，也就是说——我不知道说的什么！他想说些奇妙的事情，而又害怕被发现在说谎，所以他鼓起脸颊、张开喉咙发出没有意义的声音。

“同时授予他帝王的权杖。”这是什么说话方式！何等辉煌！何等和谐！这些帝王的权杖是什么？只有一个权杖，而不是几个；要是皇帝确实握有权杖的话。教皇手里也将握着权杖吗？为什么不再给他一把剑，以及头盔和镖枪？

“同时赠予所有的军旗和标旗。”你怎么理解“军旗”[*signa*]呢？“军旗”是雕像(我们通常读到 signa et tabulas，意指雕塑和绘画作品；因为古人不是画在墙上，而是画在板上)还是军事旗帜(因此有短语“军旗配老鹰”)。从以前的意义上
58 说，小雕像和雕塑被称作 sigilla。那么，君士坦丁是将他的雕像还是老鹰赠予西尔维斯特呢？还有比这更荒谬的吗？而“标旗”[*banna*]会表示什么呢，我没发现。愿上帝毁灭你，极其邪恶之人，将野蛮语言归于一个有教养的时代！

“以及与众不同的帝王装饰品。”当他说“标旗”时，他认为已阐述够长了，因此将其余混合在一统称下。而他如此频繁地插入“帝王的”一词，似乎有某些与执政官、独裁官、凯撒相对而专属于皇帝的装饰品！

“以及，显示帝王显赫的所有排场和我们权力的荣耀。”“他抛弃华而不实的言辞”，“这位众王之王，大流士(Darius)，诸神的亲属”，只以复数形式出现！什么是这帝国的排场；是黄瓜盘曲于草地并在肚子里生长？你认为凯撒无论何时离屋都是庆祝胜利，如同当今教皇那样，前面由仆人骑在备有马鞍和饰物的白马上引领？略过其他的愚行，没有比这更无聊、更与一

> 位罗马教皇不相称的了。另外，什么是这“荣耀”？拉丁人会称排场和装备为“荣耀”？那是希伯来语惯用的。且你说军事[*militia*]而不是士兵[*milites*]，前者是我们从希伯来人那里借来的，君士坦丁和及其秘书们都从未寓目！
>
> 瓦拉，《君士坦丁赠礼》，科尔曼(C. B. Coleman)译，略作改动，(1992年)纽黑文，pp. 105f。

如果说有人在文字材料和文献批评意识的发展过程中极其重要，那人就是瓦拉，即便他并不总是追根究底。他指出那本通常被称为《献给赫伦尼》(*Ad Herennium*)的修辞学匿名教科书不是出自西塞罗，圣保罗致塞内加的书信是后来的伪造物；他怀疑“伪伊西多尔”；他意识到伪狄奥尼修斯不是圣保罗的同时代人，注意到安布罗斯、奥古斯丁、哲罗姆没有提及狄奥尼修斯，巴西略(Basil)、圣格雷戈里·纳齐盎(St. Gregory Nazianzen)、圣金口约翰(St. John Chrysostom)也没有。他兼擅建设性与破坏性批评；他对该如何校勘李维文本(尤其是21—26书)的大胆推测是极好的。他将类似 59
方法应用于《新约圣经》文本，其著作直到下一个世纪才付印，可能是认为它太危险了。因为难以设想瓦拉的同时代与随后几代人承认其怀疑和推论有效，虽然自17世纪以来他的很多论点几乎没有遇到挑战，而在之前却经常遭到批评。奥古斯蒂诺·斯图科(Agostino Steuco)在《驳瓦拉》(*Against L. Valla*，1546年)中斥责瓦拉对《赠礼》的抨击，罗贝托·贝拉尔米内(Robert Bellarmine)因为瓦拉对伪狄奥尼修斯的怀疑而称他为“路德会教友”。[①] 将《圣经》尊为上帝之言的方式抑制了瓦拉同时代人，这可以从15世纪类似方法很容易应用于《古兰经》(Koran)的事实中看到。1450年代新译《古兰经》的塞哥维亚的约翰(John of Segovia)指出，先前译

---

① 路德在他的《教会被掳于巴比伦》(*Babylonian Captivity*)中的确认为，狄奥尼修斯生活在早期基督教教父后，而不是之前，贝拉尔米内可能有更多的历史意识而称路德为一位“瓦拉”。——原注

者将西方观念引入了文本。1460 年，库萨的尼古拉撰写了《〈古兰经〉校勘》(*Sieving of the Koran*, Cribratio Alcoran)，他像对待《赠礼》一样对待《古兰经》。在其组成部分中他确定了三个元素：聂斯托留派的基督教(Nestorian Christianity)，穆罕默德的一个犹太顾问，以及穆罕默德去世后犹太“矫正者”引入的变体。这是要把《古兰经》当作历史文献来看待的，并写出其主要观念的历史。很难说瓦拉多大程度地意识到尼古拉所做事情的影响。他的《新约圣经评注》(*Annotations on the New Testament*)暗示他视《圣经》为历史文献，创作于特定的历史环境中，并且，也许只是其他原始资料中的一种。他是否意识到这一影响？至少他在阿拉贡的费迪南(Ferdinand of Aragon)传记的序言中赞美历史，指出史学家先于哲学家：

> 摩西也是位历史学家，没有比他更早、更智慧的作家。《福音书》作者(没什么比他们的著作更有见地)理当被称为“历史学家”。

在 15 世纪后期没有像瓦拉这样的人。但其崇拜者伊拉斯谟(Erasmus)出版了瓦拉的《评注》，继续其前辈未竟的事业。如他出版的《新约圣经》版本，抛开官方的拉丁译本，拉丁文《圣经》，回到希腊文字。他论证了西里尔(Cyril)致奥古斯丁的信不可信。伊拉斯谟最喜爱的主题就是“回归源头”。

60 若是有人想学虔诚而非辩论，让他径回源头(*versetur in fontibus*)及直饮源泉的作家那里。

> 伊拉斯谟，《到达真神学之路》(*Way of reaching true theology*)(Ratio perveniendi ad veram theologiam)，(1520 年)，巴塞尔，p. 217。

伊拉斯谟的朋友约翰·柯列特(John Colet，约 1467—1519)也具有类似的精神，1490 年代在牛津作关于《新约圣经》的演讲，将其与古代史的其他源泉作对比。如他将圣保罗致罗马人的使徒书，与苏维托尼乌斯所记述的克劳狄乌斯皇帝生平相比较。

> 致罗马人的使徒书写于克劳狄乌斯统治时期，临近其统治时期的结束，大约是圣保罗神职任期的第二十个年头。根据我从历史与圣保罗本人的书信来推测，那个时期也是致科林斯人(Corinthians)与致加拉太人(Galatians)使徒书的写作时间。而这部致罗马人的使徒书较它们晚，是在圣保罗最后一次前往耶路撒冷(Jerusalem)前不久。因为他被犹太行省总督菲斯图斯(Festus)关押了，这些信发出后的四五年，并被他解往罗马。这是基督去世后二十五年，在圣保罗犯罪后，也是尼禄统治的第二年。这个年代后，他又幸存了十二年，于意大利传教，在基督下效忠直至去世——自最初改宗以来三十七年。他死于尼禄对基督徒的第一次迫害中，圣彼得也在同一天殉道，即尼禄统治的第十四年。
>
> 我提到一点，即圣保罗非同寻常的深思与审慎可讨论下。因为意识到克劳狄乌斯·凯撒(Claudius Caesar)继承了王位，一个性情多变者，品行低下，行事无常；正如苏维托尼乌斯在他的传记中所写，他还是将犹太人逐出罗马之人，因为他们受基里斯督(Chrestus)的鼓动而不断叛乱(我想圣保罗正是由于这些叛乱而写下了使徒书，而苏维托尼乌斯所要传达的意思是，犹太人被克劳狄乌斯驱逐是因为他们关于基督的争端)。我要说，圣保罗明白(苏维托尼乌斯也有记述)罗马皇帝正在征收由卡利古拉(Caligula)发起的一些前所未闻的新税，不让任何人和物逃避强加他们头上的一定量贡税；以免罗马的教友 61
> 会厌烦那些苦恼事，而生出对罗马地方法官的傲慢和蔑视，并拒绝服从他们的法令。我重复一下，圣保罗写信给那些宣称事奉基督的人，教导他们将向罗马人与不信宗教的统治者展示一些举动，他们将不得不成为这些统治者的臣民，若是他们生活

> 在罗马的话，不免得服从他们的所有法令，但必须给予他们一些，这些是属于他们的，而另一方面留下属于自己的一份，从而表明，正如救世主的命令，凯撒的物当归给凯撒，神的物当归给神。我再一次重复，最明智的使徒保罗认识到必须这样做，劝告并要求他们这样做，切莫与罗马政权相抗争，或给予他们任何被激怒和生气的理由；而要在彼此间保持真诚的宽容，没有分歧，要善待彼此及所有其他人；他们会坚定友好地站在一起，尽可能地以仁慈压倒对手，将他们引向良善，与自己相像，他们自己也就不会被引向邪恶。
>
> 约翰·柯列特，《圣保罗致罗马书的阐释》(*Exposition of St. Paul's Epistle to the Romans*)，勒普顿(J. H. Lupton)编辑并翻译，(1873年)，伦敦，pp. 94—96。

威廉·珀金斯(William Perkins)进一步提出《圣经》乃历史文献的观点。他是伊丽莎白一世时代著名的加尔文派神学家，卒于1602年。他主张《圣经》经文应当按字面意义理解，而不应像中世纪(参见阿奎那，前文，第3页)那样寓言地或比喻地理解，这是16世纪基督新教的普遍观点。这也是1521年前路德的观点。在抨击卢维恩(Louvain)的神学家拉托莫(Latomus)时，路德批评了“将《圣经》的含意从其语境、前因后果和环境中分离出来的卢维恩和拉托莫方法”，并提出不应当采用《圣经》的比喻解释(前文，第3页)，除非上下文要求如此。廷代尔(Tyndale)写道，“《圣经》只有一种含义，就是它的字面含义”。但并非所有新教徒的“字面”含义都相同，而珀金斯的观点比大多数人更具历史性。

> 罗马教会使《圣经》具有四重意义，字面的、寓言的、比喻的
> 62 和神秘解释的……但《圣经》四重意义的方法必须被推翻和拒绝。只有唯一一种意义，就是同一个字面意义……解释的最高而绝对的标准是《圣经》本身……从属于《圣经》的方法有三：信仰的类比、提出地点的环境和地点的整体比较……提出地点

> 的情境有这些：谁？给谁？在什么场合？在什么时间？在什么地方？为了什么目的？之前是什么？其后是什么？
>
> 威廉·珀金斯，《预言的艺术》(*The Art of Prophesying*)，《全集》卷2，(1613年)，剑桥大学，pp. 651—652。

珀金斯为加尔文教徒在文献考证领域"废除偶像崇拜"提供了一个榜样。他不是唯一一位。加尔文教徒伊萨克·卡素朋(Isaac Casaubon, 1559－1614)揭露了一些最著名的伪造或弄错日期的文本，"赫尔墨斯神智学"(Hermes Trismegistus)著作。在方法上，卡素朋保留了彼特拉克和瓦拉的传统；在结论中，他粉粹了最值得珍视的文艺复兴幻想之一，即一位古埃及哲人神奇地预言了柏拉图学说。

> 至于今天依然在阅读的《赫尔墨斯神智学》和《西卜林神谕集》(Sibylline Oracles)，不可否认，它们论及许多宗教条文，如唯一真神；最神圣的三位一体；圣言，上帝之子，由他(上帝)创造世界；基督即将诞生于童贞马利亚；基督受难和桀刑；通过洗礼而得永生；最后的审判等等。这些问题得到如此清楚地讨论，难以在摩西和先知的整个律法中再发现类似的东西。但我无法掩饰自己的怀疑……我将在此简要地阐述我的理由……首先打动我的论点是，如此深邃的奥秘更清楚地向异教徒外邦人解释而非上帝像爱他自己一样爱着的人们，并且是用他自己的声音和他忠实的仆人的声音来教导的，这似乎有违上帝圣言……因为如果任何有关他的说法都是确定的，那么无疑赫尔墨斯·特利斯墨吉斯忒斯生于摩西前……另一个打动我的论点是，我们现在在赫尔墨斯或《西卜林预言书》(Sibylline Books)里看到的事情，在柏拉图、亚里士多德、泰奥弗拉斯托斯(Theophrastus)以及其他博学异教徒的著作中不见踪迹。最后，我发现下面的论点最有说服力，我看到在古老教会时代

> 63 有很多人认为，为了让新教义更快地被异教的智者接受，将自己的幻想添加到神圣的真理里面是件奇妙的事情。他们称这些为善意的谎言(white lies)，是为一个有价值的目的而虚构的……但不能不最严厉地谴责他们的所为，而且我们惊讶于那些教会教父们的判断力，他们如此轻易地接受这类著述……揭露这一骗术不过是时间的问题。

(卡素朋接下去更为详细地考察“伪墨丘利”(Pseudomercurius)的思想和风格)①

> 我们宣告这本书包含的不是埃及的赫尔墨斯教义，而是希腊和基督教思想的混合物，部分取自柏拉图及柏拉图学派的著作，有时使用他们自身的话语，同时部分来自《圣经》……我来谈谈风格以及这位作者附带提及的故事。既然大家一致认为埃及人赫尔墨斯生活在最早的时期，大约创世后200年，这本书就不可能是他写的，因为它提到菲迪亚斯的雕塑……此外还有，如果这本书真的出自赫尔墨斯，那必然是他本人以希腊语写成，或是其他人从埃及语转译的。但我们否定了这两种可能性：首先，因为这本书的风格迥异于赫尔墨斯同时代的希腊人风格，那种古老语言包含许多单词和短语，事实上它的整体结构都迥异于后来希腊人所用的……我也否定了它是从另一种语言转译而来的……因为不曾有过翻译，它没有通过特定的品质而显示出异域性。
>
> 伊萨克·卡素朋，《论神圣问题》(*On Sacred Matters*)，(1614年)伦敦，pp. 71—86。

两位年纪稍轻者，都是加尔文教牧师，决定性地揭露了两件更

---

① 墨丘利(Mercurius)是罗马神话中为众神传递信息的使者，对应于希腊神话的赫耳墨斯(Hermes)。

著名的伪作。戴维·布隆德尔(David Blondel, 1590－1655)在其著作《伪伊西多尔》(*Pseudo-Isidorus*,1628年)中揭露了虚假的法令;琼·达耶(Jean Daillé, 1594－1670)在1666年出版的一部著作中(与归于安提阿的依格那修[Ignatius of Antioch]名下的著作一起)揭露了伪狄奥尼修斯。依照其批评《君士坦丁赠礼》的方式,瓦拉的怀疑由此而变成了充分的论证。在大致相同的时间,对特洛伊战争的伪史学家克里特岛人狄克堤斯(Dictys the Cretan)和弗里吉亚人达雷斯(Dares the Phrygian)的信任最终被抛弃。年代学家 64
斯卡利热(前文,第47页)在1605年致卡素朋信中对他们的真实性表达了极其可敬的怀疑。

瓦拉的洞察力经历如许之久才得以继续,很可能令人惊讶。理由必定是对于传统宗教信仰而言,揭露这些神话的破坏性影响;太多的伪狄奥尼修斯和伪伊西多尔已被纳入天主教信条,它们的消失会易于接受。对于加尔文教徒来说,这些特别的发现并不难堪。而就对《圣经》的历史解释而言(文本校勘、著作权归属的修订等等),研究可能引发的后果对于路德和加尔文的新正统观念以及传统的天主教信条都是破坏性的。且学者们更加谨慎地追随瓦拉的足迹。托马斯·布朗爵士(Sir Thomas Browne)在他的著作《医生的宗教》(*Religio Medici*)中表达了普遍的态度:

> ……援藉人的历史与《圣经》之相合,来核校《圣经》的真确,或试图以玛伽斯泰涅斯(Megasthenes)和希罗多德(Herodotus)的权威,证实以斯帖(Hester)和但以理(Daniel)的记载,这无疑是好奇心的失当了。①
>
> **托马斯·布朗,《医生的宗教》,约写于1635年,1642年第1版,(1906年),伦敦,p. 34。**

对于历史学科来说幸运的是,16、17世纪一些人确实认为这种

---

① 〔英〕托马斯·布朗,《瓮葬》,缪哲译,光明日报出版社,2000年版,第64页。

好奇心是正当的。与路德同时代的激进者安德烈亚斯·冯·卡尔斯塔特(Andreas von Karlstadt)在1520年宣称摩西不是《摩西五经》(Pentateuch)[①]的作者。伟大的学者斯卡利热宣称阿里斯提亚斯(Aristeas)致菲洛克拉底(Philocrates)的书信(用来支持希腊文译本《旧约圣经》[Septuagint][②]的一封信)是一件伪造物。大主教厄谢尔(Archbishop Ussher)与他的同代人托马斯·布朗不同,对努力使圣经年表和世俗年表相一致深信不疑。在17世纪中期,卡尔斯塔特的问题又被提起:一位波尔多的加尔文教徒伊萨克·德·拉·培伊埃尔(Isaac de la Peyrere)在1655年证明摩西没有撰写《摩西五经》,他被监禁了起来。几年后巴鲁赫·斯宾诺莎(Baruch Spinoza, 1623－1677)在其著作《神学政治论》(*Theologico-Political Treatise*)中提出同样的观点。这本书是匿名出版的,甚至印刷者也使用了化名;这是在荷兰共和国,宗教宽容的发源地。《神学政治论》实际上在四年后被荷兰议会禁止。不久以后,法国奥拉托利会友(Oratorian)理夏尔·西蒙(Richard Simon)在他的《旧约圣经批评史》(*Critical History of the Old Testament*,1678年)提出了同样的
65 观点——摩西不可能是传统上归于他名下的所有著作的作者。被称为路易十四官方神学家的波舒哀(Bossuet)看到这内容,宣称西蒙意欲削弱宗教的基础,并查禁该书。西蒙也被逐出修道会。

在这一章语境中,所有《圣经》批评者中最有趣的是斯宾诺莎,因为他在将《圣经》当作历史文献方面走得最远。他循着瓦拉和伊拉斯莫的传统,而启蒙运动又继承了他的传统。

> 解释《圣经》的方法与解释自然的方法没有大的差异,事实上差不多是一样的。因为解释自然在于考察自然的来历,且由此根据某些不变的公理以推出自然现象的释义来。所以解释《圣经》首先要把《圣经》仔细研究一番,然后根据其根本的原

① 《旧约圣经》首五卷。——原注

② 《旧约圣经》最早的希腊文译本。——原注

理以推导适当的结论来，作为作者的意愿。照这样去做，人人总可以不致弄错。那就是说，解释《圣经》不预立原理，只讨论《圣经》本书的内容。并且也可以讨论非理解力所能理解的以及为理智所能知的事物……

所以解释《圣经》的一条普遍法则是，根据《圣经》的历史以研究《圣经》的时候，凡我们没有十分看清的，就不认为是很可信的《圣经》的话。我所谓的《圣经》的历史以及应该解明的主要之点，我现在要加以说明。

一句《圣经》里的话的历史包括：

1.《圣经》各卷写时所用的以及著者常说的语言的性质与特质。这样我们就能把每个句法和普通会话中的用法加以比较以研究之……

2. 把每编加以分析，把每编的内容列为条目。这样，论某一问题的若干原文，一览即得。最后是把所有模棱两可和晦涩不明或看来互相矛盾的段落记录下来。

我之所谓清晰或模糊的段落是根据其意义容易或不容易从上下文推论出来，而不是指其中所含的真理容易或不容易用
理智而认识。我们不管文中所含的真理，只管意义。我们寻绎 66
原文的意义的时候，要特别当心，不要被以自然界的知识原理为依据的理智所误，不要为偏见所误，是更不用说了。为不把一段的意义和其中所含的真理混淆，我们必须完全根据文字的含义，用清醒的心，只据《圣经》，来研究这一段。

我要用一个例子来说明我是什么意思。摩西说“上帝是火”，又说“上帝嫉妒”。但就文字的意义来说是十分明白的。所以我把上边这两句话算做清楚的段落，虽然在理智和真理上这两句话是最不清楚的。但是，虽然字面的意思与理智相悖，可是，如果不能根据《圣经》的历史加以推翻，字面的意思就必须保留。反过来说，如果这些段字面的意思与《圣经》的原则相冲突，这种字面的解释虽与理智完全相合，这些段落必须用不同的方法来解释，那就是说，用比喻的方法。

如果我们想知道摩西是否相信上帝是火，我们绝不能根据其是否合理以决定这个问题，而是必须完全借助有文字可查的摩西别的意见来断定。

以我们所举的例而论，因为摩西在别的几段中说，上帝不像任何有形之物，无论是在天上、地上还是在水中，这些段必须认为是比喻，或是我们所讲的这一段必须按照比喻来解释。可是，既是我们离字面的意思越近越好，我们就必须先问，原文上帝是火是否只能从字面来讲。那就是说，是否火这个字，除指普通的自然界的火之外，还有什么别的意思……因为我们发现火这个名词是指愤怒和嫉妒（看《约伯记》第三十一章第十二节），所以我们就不难把摩西的话融会贯通，而得一切实的结论，“上帝是火”和“上帝嫉妒”这两句话的意思完全相同。

还有，摩西既清清楚楚地说上帝嫉妒，并且也没有地方说上帝没有情感与情绪，显然我们就得推断，摩西自己持此学说，至少是他要把这个学说告诉人。我们也不可以为这种看法
67 与理智相悖就存戒心。因为我们已经说过，我们不可强使原文的意思附和我们的理智和先入为主的意见。《圣经》的全部知识必须只能从自身中寻求。

3. 最后，《圣经》一句话的历史必须与所有现存的预言书的背景相关联，那就是说，每编作者的生平、行为与学历，他是何许人，他著作的原因，写在什么时代，为什么人写的，用的是什么语言。此外，还要考求每编所经历的遭遇。最初是否受到欢迎，落到什么人的手中，有多少种不同的原文，是谁的主意把它归到《圣经》里的。最后，现在公认为是神圣的各编是怎样合而为一的。

如我所述，所有这样的知识，都须包括在《圣经》的“历史”中。因为，为知道哪些话是作为律令，哪些话是道德的箴言，熟知作者的生平、行为与做过什么事，是很要紧的。并且，我们越熟悉一个人的才能和脾气，我们就越能了解这个人的著作。

> 此外，箴言有些是有永久价值的，有的箴言只用于一时，或只为少数人之用。为不使二者相混，我们必须知道每书之作是出于什么原因，写于什么时代，是为哪个国家而发的。[①]
>
> **巴鲁赫·斯宾诺莎**，《神学政治论》(*Tractatus Theologico-Politicus*)，(1670 年)，埃尔威斯(R. H. M. Elwes)译，(1891 年)伦敦。

这是(正如同时代人指出的)将《圣经》降低到与荷马和亚里士多德著作同等的水平。

仍然是 17 世纪，对待史料的新批评方法形成了一套体系。本笃会修士让·马比荣(Jean Mabillon, 1632 - 1707)写了一部《古文书学》(*On Diplomatic*，1681 年)的著作，产生了一门新的学科"古文书学"，它是在形式的基础上确定文献年代并鉴别真伪的科学或艺术。

迄止目前，这一章主要关注的是来自教会史或神学历史的例子。事实上，这一领域所取得的进步最大，大多数伪造物被发现。而除了彼特拉克对奥地利特权的揭露外，世俗的例子也可以找到。在英国，约翰·塞尔登(John Selden, 1584 - 1654)表明《举行议会的方式》(the *Manner of Holding Parliament*, *Modus tenendi Parliamentum*)不是始于通常所认为的征服者威廉(William the Conqueror)时期，而是 14 世纪， 68

> 不要轻信号称的古物——它不可能是征服者威廉时代的。很多人复制过，但没有那件看起来非常古老。
>
> **约翰·塞尔登**，《荣称论》(*Titles of Honour*)，(1614 年)伦敦，p. 274。

---

① 〔荷兰〕斯宾诺莎，《神学政治论》，温锡增译，商务印书馆，2009 年版，第 103—107 页。(略有改动)

塞尔登所致力的另一个例子，是确定被称为“弗雷塔”(Fleta)的法律评论的年代，显示了他对证据的耐心构建。

> 从前言便可清楚地看出该论著写于某位爱德华时代，但没有表明是一世、二世还是三世，只是提及“我们的国王爱德华”……写于爱德华三世吗？在我看来，不是，因为他在海难、遗孀产及其他事情方面引用了爱德华一世的法规，并频繁地引用亨利三世的法律，却没有提及爱德华三世统治时期的法律。要是他生活在爱德华三世统治时期的话，便不会这样……同样可以认为，他撰写该著的时间不晚于1320年，因为在他详尽地论述定罪中，没有提及爱德华二世13年通过的关于剥夺财产权和公民权(Attaints)法案，他也从未引用爱德华二世时期的任何法案。因此，在缺乏相反证据的情况下，可以认为他写于爱德华二世当政前……论著的其他地方也清晰地显示出它写于爱德华一世当政时期。如在谈到圣殿骑士团(Templars)的特权时，认为他们与医院骑士团(Knights Hospitallers)一样，兴盛于他那个时代。然而，只有那些对我们的法律和历史非常无知的人，不知道圣殿骑士团在爱德华二世统治前便从英格兰完全消失这一事实。其二，在根据《大宪章》(Magna Carta)的条款定义《处以适量罚金令》(*Moderata Misericordia*)时，他说的话符合他的时代，以皇家的名义说道，“我们的父亲国王亨利的《大宪章》的重要性……”，显然是亨利三世，爱德华一世的父亲。其三，他写道，“国王陛下(Our Lord the King)最近在阿克顿·邦内尔(Acton Bunnel)议会中”。这次议会在爱德华一世11年举行，而词语“国王陛下”常用于执政的君主。其四，他明确地谈到国王当政第十三年通过的法令——明显意指
> 69 爱德华一世的“商人法”(Statute of Merchants)。最后，他说到亨利二世是国王的曾祖父，他在国王治下写作，而大家都知道爱德华一世是亨利二世的曾孙。
>
> 约翰·塞尔登，《论弗雷塔》(*Dissertation on the Fleta*)，

(1647 年)，大卫·奥格(David Ogg)编辑和翻译，(1925 年)剑桥，177—185。

塞尔登在两篇序言中总结了对待文献的新态度。首先他宣称，

> 无论我的调查能有助于哪方面，我向你表明没有引用二手资料，从来都是珍视源泉，且在我得到它时，只使用那种根本不会或最少由于折射而误导的媒介。
>
> 约翰·塞尔登，《荣称论》，(1614 年)伦敦。

其次，他有意识地比较了哲学和历史的怀疑态度。

> 旧时的怀疑论者从不妄称发现了真理，而是展示探索的最佳方法……他避免轻率的争论……他认定自由的探索，是各种研究中通向真理圣殿的唯一途径。
>
> 约翰·塞尔登，《什一税史》(*History of Tithes*)，(1617 年)伦敦。

文艺复兴时期历史的怀疑态度扩展至非文字证据。两部 16 世纪论著，埃内亚·维科(Enea Vico)的《论古老的纪念章》(*Discourses on Ancient Medals*)(威尼斯，1555 年)和安东尼奥·奥古斯汀(Antonio Agustín)的《关于纪念章的对话》(*Dialogues on Medals*)(塔拉戈纳，1587 年)讨论了如何发现伪造的纪念章和钱币。

2　神话批评

文献批评与神话批评明显相联系。如瓦拉认为有关君士坦丁对西尔威斯特赠礼的故事不是事实而是神话，通过揭发"捐赠"文件是伪造物来支持他的主张。而且，瓦拉还准备证明(不同于但丁)李维曾犯过错，如关于塔克文家族(Tarquins)的家谱。16、17 世纪期间，许多著名的神话被推翻。伊拉斯谟开始以批评的方法

对待圣徒生平，以所撰写的简短传记作为他编辑的哲罗姆著作序言；他努力回归源头，并按照“真实发生的那样”去撰写哲罗姆的生
70 平。正如伊拉斯谟本人所说的那样，

> 我认为以圣徒本身的样子去描绘他们最为恰当，若是发现他们犯了错，那对于我们也是很好的警戒。若是有人真的想虚构，那就让他慎重地创造出一虔诚的人物形象，无论他叫什么名字，他了解并追随基督本人的教导，且具有早期教会虔诚的内在力量。我也许能容忍这，而情愿没有麻衣粗衫、鞭笞禁食与匪夷所思的守夜。尽管如此，让一个工匠模仿宝石的光华，但复制品永远比不上原宝石的力量。真理也有它的力量，任何仿制品都无法比拟。谁能容忍那些以其幼稚、无知、荒诞的故事来玷污而非赞美圣徒的人们呢？
>
> 没有可信赖的二手著作（纪事），因此我们真诚而勤勉地在普罗斯培鲁（Prosperus）、西弗勒斯（Severus）、奥罗修斯、鲁菲努斯（Ruffinus，尽管他是一个诽谤者）以及其他并非完全不可信的作家著作中来研究这位圣人的生平，而我们最为信赖的是哲罗姆本人的著作。因为谁比哲罗姆更了解他自己呢？谁能更忠实地表达他的思想？如果尤利乌斯·凯撒是他本人生涯中那些事件的最可信源头，那么信赖哲罗姆的自述不是更合理吗？因此，在通读过他的所有著作后，我们做些注释并叙述结果，而不隐瞒这一事实，即我们认为让哲罗姆本人在他所有名著中向我们讲述他的生平是个伟大的奇迹。若有人非要有他的奇迹和预兆，就让他阅读有关哲罗姆的著作，其中包含了几乎与他们所宣称的一样多的奇迹。
>
> 《伊拉斯谟的小册子》(*Erasmi Opuscula*)的英译本，弗格森(W. K. Ferguson)编辑，(1933年)海牙，pp. 136—139。

自然地，圣哲罗姆的狮子（前文，第9页）必须消失。在17世纪，这种对待圣徒生平的新方法变得更加明确而系统。这一进程

中发挥重要作用的是一群称作博兰德会(Bollandist)的耶稣会学者,依其中一员琼·博兰(Jean Bolland, 1596－1655)而命名;同样重要的还有赫利伯特·罗斯威(Heribert Roswey, 1569－1629),他编辑的《教父传》(*Lives of the Fathers*)可以说标志着他们事业的开端,以及戈德弗罗伊德·亨斯肯斯(Godefroid Henskens, 1601－1681)。他们的工作就是在原始资料的基础上,重写大事记中所有圣徒的生平,这是一项艰巨的工作,在此过程中,曾被珍视的许多 71
信念都没有了根据。一位博兰学者帕佩布罗奇(Papebroch)在否认了先知以利亚(Elijah)建立的加尔默罗会(Carmelite order)后,与加尔默罗会大主教进行了激烈的辩论。

如同罗贝托·贝拉尔米内(Robert Bellarmine)仅限于罗斯威(Roswey),问题在于圣徒行迹的原始资料充满着不太可能的事,以及难以当真的故事,要是将所有当从殉教者传记中除去的圣徒都除去的话,那可能就没什么圣徒传记得以幸存了。

不只是宗教神话遭受抨击,世俗神话也是如此,尤其是关乎民族起源的故事,如法国和英国起源的故事已不再可信。

苏格兰历史学家约翰·梅杰(John Major, 1469－1550)在他的《大不列颠史》(*History of Great Britain*, 1521 年)中很少着笔于蒙默思的杰弗里及其后继者所讲述的布鲁图斯与建立英国的故事(前文,第 8 页),他也不理会法老(Pharaoh)的女儿斯科特(Scota)将其名字赋予苏格兰的故事。更让人震惊的是意大利史学家波利多尔·弗吉尔(Polydore Vergil)在其 1534 年出版的《英格兰史》(*History of England*)中对布鲁图斯的批评。波利多尔对蒙默思的杰弗里的论述如下。

> 在那本书中提到……众所周知西尔维乌斯(Sylvius)是埃涅阿斯(Aeneas)之子阿斯卡尼俄斯(Ascanius)所生,西尔维乌斯之子布鲁图斯依照狄安娜女神的告诫,穿过希腊并征服阿基坦(Aquitaine)后,到达不列颠;在他首次进入那里,击败了当时拥有该岛并击退外来武力的巨人们,占领了这片土地,并根据

他自己的名字称其为不列颠;并因此得出结论,布鲁图斯是不列颠民族的创始人,他在此繁衍子孙并极大地扩展领土。然而,无论李维还是辛勤撰写《罗马古迹》(Roman antiquities)的哈利卡纳苏斯的狄奥尼修斯(Dionysius Halicarnasseus)以及其他作家,都从未叙述过这位布鲁图斯,也未被不列颠编年史通告(确定)过,因为很久以前他们便失去了所有关于历史遗迹的书籍,正如吉尔达斯(Gildas)见证的,他活跃于公元580年前后……但在古代他们确实滥用这一特权和自由,许多民族大胆地将他们种族源头追溯至天神那里(罗马人尤甚),这样他
72 们民族和城市的起源会更高贵、兴旺。那些事情尽管听起来更像传说而非高尚行为的真实见证,仍作为事实被接受。因此之故,即便最终要记入英国古迹的那些事情,也如此轻易地普遍接受,以致他们将其谱系的源头归于布鲁图斯名下……

现在谈谈我自己,尽管我已坚定地承诺,关于一个如此古老民族起源的判断,我既不会断言为真也不会斥之为伪,如同我们迄今为止所做的那样,将所有事情交付读者来思考。而在将这个问题交付给揣测之后,我将在此表明那并非完全与事实相悖……在晴朗的日子从法国海岸可以很容易地看到这个岛屿,而因为岸边白色石头的缘故,这一景色对于水手们来说却是遥远的(由此它被称作阿尔比恩[Albion]),当然,对于周围的区域而言,它从不是模糊的或未知的。因此不要认为在什么时候它没有居民……

而无论我们去哪里,看到一切事物都充满未知。的确,从一开始,便没有什么比英国人的事务更模糊、更不确定或陌生,部分原因是编年史,根据吉尔达斯的证言,即使有一些,也已被毁得干干净净(前文已说过)。部分原因是这个民族,因为它远离所有其他的民族,因此长时间不为罗马人和希腊人所知。这种沉寂状态是优秀作家为何没有记下原居民许多事情的原因,而另一方面许多人大胆地说得如此之多,构成这样一部怪异的历史,以致在普通民众(他们总是更重视新奇事而不

是事实）的赞美中，他们似乎在天堂里，我将给予他们良好的祝愿，思忖着与他们争论这些虚构的琐事并无益处。

波利多尔·弗吉尔，《英格兰历史》，（1543 年），亨利·埃里斯爵士（Sir Henry Ellis）编辑，（1846 年）伦敦，pp. 30—33；现代拼写法。

波利多尔将揭露神话与揭露伪造物相结合，因为他校订了吉尔达斯的著作，又主张“吉尔达斯著作评注”并非出自吉尔达斯。尽管如此，16 世纪大多数英国学者站在杰弗里一边反对波利多尔；卡 73
姆登是一个重要的例外。只有在 17 世纪——怀疑主义历史中的关键性世纪——天平摆向了另一边。

同样，16 世纪的法国，学者们开始怀疑高卢人的特洛伊起源以及法国的同名建立者弗兰西恩（Francion）的存在，如布鲁图斯对不列颠一样。如埃蒂安·帕基耶。

关于特洛伊人，非同寻常的是，为何每个国家一致感到十分荣幸地从特洛伊毁灭中寻求其古老谱系。这样，罗马人声称他们的建立者是埃涅阿斯；法国人，弗兰西恩；土耳其人，图尔库斯（Turcus）；不列颠人，布鲁图斯；以及亚得里亚海（Adriatic）原初居民自诩为安忒诺耳（Antenor）（参看比翁多论帕多瓦的建立，前文，第 29 页）。好像特洛伊是骑士的温床，他们负责所有其他国家的起源，并且好像是神圣的天意，让一个国家毁灭以使其他一百个国家声名鹊起。就我而言，我既不敢反驳这个观点，也不敢赞同。在我看来，有关国家起源的争论是个非常微妙的问题。因为起初它们那么小，以致古代作家不愿耗时间来讨论它们的起源，于是关于它们起源的记忆逐渐消失殆尽，或变成了美丽却不可信的神话。从幸存证据和词源学中徒劳地辨识每个城市的创立者为谁的那些人，犯了类似的错误。并非我想断言这绝不可能，而是说，它仅可能发生在一位君主或大人物有意并极其隆重地建立一座城市或使其独立之际。因此，君士坦丁堡由君士坦丁建立，埃及的亚历山大港(Alexandria)由亚历山大大帝建立。而还有那么多的城镇，也许是因为气候温和，也许是因为对贸易的适宜性，或是因君主们以其为乐，随着时间的推移，它们变得如此之大，取代了许多其他城镇。而无论是谁想弄清楚它们的奠基者，都会发现困难与编年史家们遇到的一般巨大，只不过他们求助于特洛伊人。

帕基耶，《法国研究》(*Researches on France*)，卷1，(1560年)巴黎，第14章。

此外，加布里埃尔·诺代(Gabriel Naudé, 1600－1653)也从总体上抨击了弗兰西恩的"传说"和国家神话。

74 因为几乎没有一个国家不在起源问题上自以为是，并追根溯源至某位英雄或半人半神那里。我们法兰西人如此羡慕这种荣誉，以致在传说中寻找他们难能从事实中获得的东西。

诺代，《路易十一史附录》(*Addition to the history of Louis XI*)，(1630年)巴黎，p. 25。

如同在英国一样，新观点取得成功需要时日。在帕基耶后几年，龙萨(Ronsard)于1572年出版了《法兰西亚德》(*Franciade*)，有几分法国的《埃涅阿斯》意味，写作所围绕的人物正是帕基耶一直想动摇的弗兰西恩。17世纪中期，梅泽雷(Mézeray)仍以同样神话般的法拉蒙德(Pharamond)开始他的《法国史》(*History of France*)。

帕基耶批评神圣庄严的神话的另一个事例，是他就查理曼创立巴黎大学这一说法的讨论。

对于这所高贵的大学来说，若是以查理曼皇帝为创建者，是莫大的荣誉，他被赋予这样的头衔，正如我看到他被誉为我

> 们议会与法兰西十二圣骑士的创立者……他是一位真正伟大的君主……但对我来说，我不相信议会或圣骑士是他创立的，如我在第II书中已详细描述的那样，我也不相信他创立了巴黎大学……不要认为我持这个新观点是渴望新奇或矛盾。我知道应该尊重一个普遍接受的观点，但我也知道更应该尊重事实。因此，我重申一遍，查理曼绝非我们大学的创立者；同样地，我发现艾穆安(Aimoin)、勒吉农(Rheginon)、阿登(Adon)或西日斯贝(Sigisbert)的著作中都没有提及这一创立。至于蒂尔潘(Turpin)的历史，它并不可信，且也没有提及这。而这是个问题，他们本不应当默默地跳过，而应提及我们伟大的荣誉，既然他们停下来记录许多次要的事件。自称一直是查理曼秘书的艾因哈德(Einhard)，似乎将皇帝的军事功绩留给了其他历史学家，而把皇帝的文化当作自己的本分，告诉我们查理曼同他本人一样被培养成通晓几种外语，尤其拉丁语对于他而言就像母语一样熟悉。至于希腊语，尽管他不会发音，但理解它……简言之，因为艾因哈德对查理曼的主要观点是他致力于文学和其他知识，我难以相信要是查理曼是其创立者，他就不会提到那所大学就止住，一方面因为创立地的尊严，那里从克 75
> 洛维斯(Clovis)时代起就是法兰西国王的古老场所，一方面因为创立本身的卓越。
>
> **帕基耶，《法国研究》，卷9，(1665年版)巴黎，第5章，**p. 776。

尽管帕基耶不会否认狄俄尼索斯-丹尼斯(Dionysius-Denis)建立了法国教会，但他显然认为他不会。他说道，这个故事是“一篇关于历史的文章，而非关于信仰的”：它可能被拒绝。

英国也有类似的例子。在16世纪，牛津人认为他们的大学是由阿尔弗烈德国王建立的，剑桥人相信他们的学校可追溯至亚瑟王(King Arthur)或之前。

而西蒙·迪尤斯爵士(Sir Simons D'Ewes)在1641年国会上评

论道：

> 若我费时去列举由特万(Twyne)为牛津大学、凯厄斯(Caius)为剑桥大学的古老而炮制虚妄之言，那我便是重复了昏聩谵谆(*deliria senum*)，因其所刊行者多无所裨益。
>
> 转引自詹姆斯·帕克(James Parker)，《牛津大学早期的历史》(*The Early History of Oxford*)，(1885年)，牛津，p. 12。

更普遍的怀疑形式在文艺复兴时期还很罕见，阿格里帕·冯·内特斯海姆(Agrippa von Nettesheim)在论述所有主题的不确定性与虚夸的书籍中，专有一章论述著述历史的虚夸，但这不过是修辞学训练而已，尽管他在那个时代的历史著述为谄媚赞助人而受损的程度上，确实附带地进行了有效的与破坏性批评。菲利普·西德尼(Philip Sidney)爵士为诗歌辩护而抨击历史时，同样有很多修辞学用语，尽管他提出的批评听起来真实可靠，且在那个时代并不常见，如他将历史学家描绘成"多半自以为在其他的历史之上，他们最伟大的权威著作建立在道听途说的基础上"。更为严肃的怀疑直到17世纪才出现，笛卡尔(Descartes)提出历史在指导生活方面的危险性正如骑士传奇故事，因为史学家总是略去重要的细节，认为它们有失历史的尊严；而拉·摩特·勒瓦耶(La Mother le Vayer)写了一本题为《论无确定性的历史》(*On how little Certainty there is in History*)的书(1668年出版)。

当然，并非所有的文艺复兴史学家使用材料方面都在持批评态度，不是每个人都揭穿神话。许多人相信布鲁图斯和法兰齐恩这
76 类神话，其中包括专业学者。有些神话正是文艺复兴时期虚构的，如皇家宣誓的神话以及阿拉贡(Aragonese)的古法律(包括抵抗权)，似乎只能追溯到1560年代且功能明显：证明阿拉贡人特权的合理性，以对抗皇家权力的侵害。许多叙述性的历史仍是"拼凑"而成，改述并吸收前人的叙述文字，将其视为"权威"而没有想到要回归其源头。

考虑到这些严格的限制条件，我认为仍有可能论证，在文艺复兴这个时期历史学家发展了一种新的证据意识。其中最引人注目处在于文献批评和神话批评，但其他方面也值得注意。某些 16 世纪史学家如圭恰迪尼、斯莱登与卡姆登，在著述时合理地利用文件，如斯莱登对黑塞的菲利普（Philip of Hesse）以及斯特拉斯堡档案的运用。卡姆登向读者描述其成就很公平之际写道："我一直勤于其王国记录……全神贯注于许多古老的名册和证据。"在 16、17 世纪期间，人们可以发现文件出版物被用作论战的新武器。如法国天主教徒（Gallican）关于特兰托公会议（the Council of Trent）的批评运用了这种方法：雅克·吉洛特（Jacques Gillot）在 1607 年出版了《特兰托公会议法令》（the *Acts of the Council of Trent*），在 1608 年出版了法国国王和法国大使们写给公会的信。在谴责 1620 年代爆发三十年战争（若是适当的时序错误得到原谅的话）的论争中，文件得到认真地对待。白山（White Mountain）战役后，安哈尔特（Anhalt）档案馆的文件为帝国军队所获，并于 1621 年出版了一本由这些文件构成的小册子，名为"安哈尔特档案馆"；而当时曼斯费尔德（Mansfeld）的士兵俘获了一名帝国信使，于是对方便能于次年出版了"西班牙档案馆"。

新的证据意识是文艺复兴时期欧洲最伟大的文化成就之一。与科学革命相比，它是真正的"历史革命"。同样，必须补充的是，对于原始资料重要性的意识与辨别材料原始与否的能力得到了发展。直到 18、19 世纪，西方史学家才发展了质疑原始材料内容以及从中提取原作者可能都不知道自己拥有的信息这两方面技术。

77

第四章　历史的解释

1　解释的兴起

在第一章中，我提出在中世纪的历史著述中，有着在个人动机方面极其特殊类型的解释，也有从上帝在历史中的作用或世界的衰落方面极其广泛类型的解释，而中间类型的解释缺乏。自 18 世纪始，正是这些中间类型的解释最能引起历史学家的兴趣，不论是从社会结构或是思想倾向、时代精神或是经济状况方面。在 16 世纪，有着朝这一解释类型发展的趋势。“命运”，中世纪和文艺复兴时期最常见的观念，变得越来越少人格化了，越来越少难以把握的女神形象了，更多的是历史中非个人力量以及比个人更广大的组织和时代潮流的名字，但仍然对分析与深思持怀疑态度。如马基雅维利于 1513 至 1514 年间撰写的《君主论》(*Prince*)第二十五节中就显露出这样的命运观，其标题为“命运在人世事务上有多大力量和怎样对抗”。特别留心对教皇尤利乌斯二世(Julius II)政策的分析，他有幸生活在其勇猛性情与外部政治环境相协调的时代，马基雅维利称之为“时代特性”(*qualità de'tempi*)。

我不是不知道，很多人向来认为且现在仍然认为，世界上的事情都是由命运和上帝支配的，以致人类的深谋远虑都无法更改它们，甚至对其没有丝毫影响。因此，他们断定在人世事务上辛劳是没有用的，而应该听从运气的支配。这种观点在我们时代更为普遍，因为我们已经经历且现在每天经历的巨大变

化和变更超出了每个人的想象。考虑到这种变幻，有时我倾向 78
于这种观点。但是，不能将我们的自由意志消除掉。我认为，正确的是：命运是我们半个行动的主宰者，而把另一半或几乎一半留给我们自己支配。我把命运比作那些猛烈的河流之一，当它们狂怒时，淹没平原，拔树毁屋，将土壤从一个地方冲洗到另一个地方沉积下来。在它们面前，人人奔逃，屈服于它们的冲力，毫无能力抗拒它们。然而，尽管这是它们的本性，但不能由此推断，当它们静静流淌时，人们不能够通过建造沟渠和堤坝做好防备，以便河水泛滥时能流向沟渠，其冲力便少些狂野和危险。命运也是如此。在我们没有任何力量控制命运的时候，命运就显出她的威力，并且她知道哪里还没有建造堤坝和沟渠来抑制她，她的冲力便在哪里作威作福。如果你细想意大利，它是我所提到的那些变化和变更的首演地，你将看出她是一个既没有堤坝也没有沟渠的地方。因为如果意大利像德国、西班牙和法国那样，已经被适当地加以保护，这洪水便不会产生像今天这样巨大的变动，或者它完全不会出现。

关于一般地谈谈怎样抵抗命运的问题，我想这就足够了。但是，我想还专门谈谈特殊方面。我要指出，我们看到有些君主今日繁盛明日失败，好像其在品质或其他方面没有什么变化。我认为，之所以如此，首先在于前面已经详细讨论过的原因，也就是说，任何一位君主如果完全依赖运气的话，那么，当命运变化时他们就要遭受失败。我还相信，一位君主如果他的政策适应时代特性，他就会成功；同样地，如果其政策与时代要求相冲突，他就会失败。我们可以观察到，人类在追求他们自己的个人目的即荣耀和财富时运用了各种不同的方法：有人谨慎小心，有人急躁鲁莽；有人使用暴力，有人使用计谋；有的耐心行事，有的与此相反；并且每一个人可以采取不同的方法达到各自的目的。我们还可以观察到，两个都是谨慎小心的人，一个人将会实现他的目的，另一个则不能；同样地，运用不同方法的两个人，其中一个谨慎而另一个急躁，都一样成功

79 了。这仅在于他们的方法是否适合于时代特性。因此，如我所述，两个人虽然以不同的方式行动，却实现了相同的目的；而另外两个人以同样的方式行动，一个人达到了他的目的，而另一个人则没有。盛衰的变化也是由于这个原因。如果一个人采取耐心、谨慎的方式行为，并且这正是时间和事态所需要的方式，他就会成功；但是如果时间与事态改变了，他就会失败，因为他没有改变他的办法。我们发现没有一个人足够精明而知道怎样使自己的办法适应这种情况；要么因为除了与性格相称的事情以外，他不能做其他事情，要么因为通过走一条路而繁荣，他便不能说服自己离开这一条道。因此一个谨慎的人，当事态需要采取迅猛的行为时，他不能胜任这项任务，因而遭受失败。如果他能够随着时间和事态的发展改变自己的性格，那么他的命运将不会改变。

教皇尤利乌斯二世一生行事都是那么迅猛，并且他发现时代和事态与他的做法如此协调，所以他总是获得成功。请看看在乔凡尼·本蒂沃利(Giovanni Bentivogli)还活着的时候，教皇对博洛尼亚的第一次出征。威尼斯人不赞成这件事，西班牙国王也不赞同，而且，尤利乌斯一直和法国讨论这项计划。尽管如此，他以特有的刚强和迅猛亲自发动远征。这一行动使西班牙和威尼斯人心神不定，呆若木鸡，后者是因为畏惧，前者则是因为其国王有夺回整个那不勒斯王国的野心。另一方面，教皇把法国国王拉拢过来跟随他。国王看到尤利乌斯已经行动起来，并且渴望他的支持以抑制威尼斯人，因此决定：除非公开得罪教皇，否则不可能拒绝给教皇提供军队。于是，尤利乌斯以其迅猛的行动完成了任何其他教皇以人间最高的深谋远虑都不能完成的一项事业。因为假如他像任何其他教皇所做的那样，直到所有的计划和谈判全部完成才从罗马出发，他就决不会取得成功。法国国王会找到许多借口，其他人也会给他
80 许多畏惧的理由。我就不讨论他的其他行为，它们都与此行为一样取得了成功。教皇生命的短促使他没有相反的经历；如果

有一个需要他采取谨慎行动的时代到来，他将会遭受失败；因为他永远按照他的性格行事。

因此我得出的结论是，当命运正在变化之中而人们却固执于自己的方法时，只要命运与策略相一致，人们就会成功，而当两者有冲突时便会失败。我强烈地坚持这一点：迅猛优于谨慎，因为命运之神是一个女子，如果想制服她，就得打击和强迫她。经验表明，她宁愿为迅猛激动者所制，却不愿为行事冷静者所役。因此，正如女子一样，命运常常偏爱年轻的男子，因为他们少谨慎而多激情，而且因为他们能够更大胆地控制她。①

马基雅维利，《君主论》，(1514 年)，布尔(G. Bull)译，(1961 年)，pp. 130。

马基雅维利的历史解释的另一事例出自他这一时期的《佛罗伦萨史》(*History of Florence*)。该事例与第一章所引维拉尼的一段文字(前文，第 16 页)形成有趣的对比，因为他们以不同的方法解释相同的事件。维拉尼的解释是宗教的和道德的，马基雅维利的解释则是世俗的；并且，马基雅维利不是孤立的，而是例证了欧洲思想的普遍变化。在这一事例中，马基雅维利从个人动机的角度分析事件，尽管他在几页之后接着论述了佛罗伦萨人的整体特性，他们对任何行政管理的厌恶与任何分裂事件的发生都是自然而然的。

这是我们佛罗伦萨城前所未有的最繁荣昌盛的时代。全城的豪富和名人不可胜数。能够拿起武器打仗的人，在城内就有三万之多，在农村约有七万。整个托斯卡纳地区，或为臣属或为盟友，一概听命于佛罗伦萨。虽说在贵族和平民之间仍有某些嫌隙猜疑，但未曾招致任何恶果，全体市民一起过着和平

---

① 〔意〕尼科洛·马基雅维利，《君主论》，潘汉典译，商务印书馆，1985 年版，第 117—120 页。(略有改动)

统一的生活。这个和平统一的局面如果不是因为内争而再次遭到破坏的话，佛罗伦萨就不会再有什么值得担心的事了。它既不害怕帝国，又不必顾虑那些由于政治原因而离开家乡的公民。佛罗伦萨以自己的力量就能对付意大利所有城邦。不幸的是，外力未能造成的灾难，却由内争招来了。

在佛罗伦萨有两个家族，切尔基(Cerchi)家族和多纳蒂
81 (Donati)家族，他们富可敌国，显赫一时。由于这两个家族在城里在乡间都是近邻，因而在他们之间曾出现过一些小的不愉快事件，但一直还未曾引起公开的争吵；如果不是由于一些新的因素促使双方的恶感增加的话，也许永远不会引起什么严重问题……[马基雅维利现在讲述的是关于皮斯托亚的坎切列里家族成员之间的分裂以及随之而来城市被划分为白系和黑系的故事(前文，第16页)。马基雅维利接着描述多纳蒂家族的领袖科尔索·多纳蒂(Corso Donati)的生涯。]

[安茹(Anjou)的]查尔斯(Charles)离开后，佛罗伦萨的生活保持平静。只有科尔索一人坐卧不安，他总感觉自己在城邦里还未得到与自己的地位相称的那种权力。因为政府在平民手中，他看到共和国的许多职位都掌握在比他地位低下的人们手里。在这种野心推动下，他表面上装作出于一个可敬的意图，暗中却千方百计要达到个人的卑鄙目的。他指控许多经手公款的人有损公肥私行为并建议把这些人抓起来审判定罪。许多和他有同样看法的人同意他这个建议，另有许多不明底细的人也随声附和，认为科尔索这样做只是出于纯洁的爱国心。另一方面，被控的公民因为有群众支持，设法为自己辩护。后来分歧发展到极其尖锐的程度，文的办法不成之后只好动武。①

马基雅维利，《佛罗伦萨史》，(1532年)，罗马，卷2，第15、16、21章。

---

① 〔意〕尼科洛·马基雅维利，《佛罗伦萨史》，李活译，商务印书馆，1982年版，第72、73、79页。(略有改动)

另一历史分析的典型事例来自马基雅维利年轻的同辈弗朗切斯科·圭恰迪尼(Francesco Guicciardini, 1483－1540)的《意大利史》(*History of Italy*)。他意在解释意大利自1492年以来遭受异族入侵的灾难,部分地从个人的能力和动机方面,部分地从结构方面,如权力的平衡,强调了(马基雅维利通常不会)原因的多重性和多样性以及解释中的推测成分。他认为意大利整个国家在享受和平繁荣的黄金时代时,灾难已然开始。

> 意大利保持这种幸福的状态,是通过多种原因和许多机遇获得的,但其中一致赞同的是,许多声誉应归于洛伦佐·德·美第奇(Lorenzo de'Medici)的勤勉和美德。他是一位远高于佛 82
> 罗伦萨普通公民的公民,以致共和国的所有事务都由他的建议来决定。佛罗伦萨在那个时代的强大,凭借的是她的地理位置、人民的智慧和她的财富储备,而不是她的统治范围。洛伦佐新近通过与教皇英诺森八世(Pope Innocent VIII,他乐于听取洛伦佐的建议)通婚而与他结盟;他的名字在意大利得到普遍尊重,且在共同利益问题的所有讨论中享有极大的权威。了解到如果任何更大的城邦增强了权力,就将对他本人以及佛罗伦萨共和国非常危险,因此他努力使意大利的事务保持平衡,不使任何一方得到更多的支持。如果没有对和平的维护,没有对任何哪怕很小的动乱进行最细心的监视,这都是不可能的。那不勒斯国王阿拉冈的斐迪南(Ferdinand of Aragon)与他一样有着对世界和平的渴望,无疑是一位最谨慎和受人尊敬的君主。尽管在过去他经常显露出与和平协商相悖的野心……也许因为几年前他经历了最为严重的危险——他的贵族和普通臣民对他的憎恨,而且深知很多人对法国王室仍怀有感情,他担心意大利的纷争会给法国进攻那不勒斯王国的机会。或许他意识到,为了与威尼斯人的力量保持平衡(当时它对整个意大利是一个威胁),他必须同其他城邦结盟,特别是米兰和佛罗伦萨。卢多维科·斯福尔扎(Lodovico Sforza)虽然生性浮躁

不安分，野心勃勃，但也必定持有这一观点，因为来自威尼斯元老院的危险对米兰统治者的威胁不比其他城邦少；且对于他来说，在和平宁静中保持已夺取的政权比在战乱中更容易……既然斐迪南、卢多维科和洛伦佐对和平有共同的愿望（部分是为了相同的原因，部分是为了不同的原因），为了他们国家的共同防御能力，在那不勒斯国王斐迪南、米兰大公乔万尼·加莱亚佐（Giovan Galeazzo）与佛罗伦萨共和国之间保持着一个同盟是很容易的。

圭恰迪尼，《意大利史》，写于 1530 年代，格雷森（C. Grayson）翻译，（1964 年），纽约，pp. 86—88。

83 意大利美术史家乔治·瓦萨里（Giorgio Vasari）意识到解释与叙述都需要，像他在《名人传》前言中所表明的（前文，第 43 页）。出自瓦萨里之手的一个解释事例是他借佩鲁吉诺的老师之口，解释了佛罗伦萨人为何在绘画方面出类拔萃。

他的老师总是做出同样的回答，在所有艺术，尤其在绘画艺术中，达到完美的人们更多是去佛罗伦萨而非别的地方，这是因为在那座城市里人们有三种刺激因素。其一，许多人极其挑剔，因为当时的风气有助于思想的自由，那里的人们不满意于平庸之作，对精美作品荣誉的关注甚于对创作者的崇敬；其二，必需勤劳才能生存下去，这意味着必须始终运用个人的智慧和判断力快速觅得生财之道，因为佛罗伦萨周边没有广大而富饶的乡村，所以人们不像富裕地区那样容易生存；其三，也许同样重要的是对名誉与荣耀的渴求，各行各业都形成了这样的风气。没有人愿意让人与自己处于同等位置，更别说落在他人之后了，即使承认他们是大师。这种对荣耀的渴求经常驱使他们如此渴望伟大，以致如果他们不是天生的聪明和善良，就会产生刻薄、忘恩负义。

瓦萨里，《名人传》，米拉内西（G. Milanesi）编辑，卷 3，

(1887 年)佛罗伦萨,pp. 567f。

并非所有人都同意解释是历史学家的事务。弗朗切斯科·帕特里齐(Francesco Patrizzi, 1529－1597)是一位哲学教授,认为解释是哲学家的工作。

帕特里齐还撰写两部有关罗马军事史的著作。他关于历史的对话在史学方法的历史上,与博丹的《方法》(下文,第 84—85 页)具有同等地位。在这篇对话中,帕特里齐扮演一个角色与阿方索·比得努奇奥(Alfonso Bidernuccio)谈话。

帕特里齐:阿方索老师,你知道描述世界上发生的事情的原因是哲学家的职责吗?

比得努奇奥:我知道,这是他们的工作。

帕:你知道结果来自原因而不是相反吗?

比:我也知道这个……

帕:如果一个人了解原因,那么他就可能了解结果,这样说有道理吗?

比:一点不错。 84

帕:如果可以分别了解原因和结果,那么对于某人来说也可以同时了解原因和结果。

比:这也是可能的。

帕:现在我们说了解原因是哲学家的工作。

比:我们说过。

帕:同时了解原因和结果是谁的工作呢?

比:这也是哲学家的工作,因为结果是与原因连在一起的。

帕:但仅仅了解结果是谁的工作呢?……没有寻找原因,只告诉你结果的人就是你所谓的作家吗?

比:或许你想说这个人是历史学家?

帕:你说过。

> 帕特里齐，《关于历史的十篇对话》(*Ten dialogues on history*)，(1560年)，威尼斯，ff. 7—8。

尽管有这样的反对意见，并未改变越来越多历史解释的趋势。解释意味着归纳，一些历史学家(倾向于我们所谓的政治学、社会学或社会心理学)试图创建一些。如让·博丹(Jean Bodin)的社会心理学或他的历史环境理论。这一传统可以回溯至希波克拉底(Hippocrates)，向后则可至孟德斯鸠(Montesquieu)。这段文字表明它们实际上是思想环境的一部分，也许有助于让瓦萨里对佛罗伦萨面貌的评价不那么令人惊奇(前文，第83页)。

> 要是那些应该有着最高标准的人们尊重事实和诚信，就没有理由责难历史或保持同意。而尽管史学家间的分歧如此严重，一些人不仅与其他人不一致，甚或相互抵触，或是出自热情，或是愤怒，或是错误，我们必须对所有人或至少知名人物的本性作些归纳，以便我们能依据公正的标准来检验历史的真实性，并对单个实例做出正确的决定……
>
> 让我们采取这一理论，即所有居住在北纬45度到75度区
> 85 域的人们，越往北内心会越温暖，而南方人，由于接受更多太阳的温暖，自身的温暖则少……内热的力量使居住在北方的人比南方人更活跃而健壮。甚至在相反的区域，超过南回归线的那一边，同样的事情发生了：人们离赤道越远，会长得越高大，如在被称作巨人的巴塔哥尼亚人(Patagonians)的土地上，它与德国人的纬度完全相同。而这就是为何塞西亚人(Scythians)常暴力袭击南方的原因，且最伟大的帝国总是向南发展，很少自南向北，这似乎不可思议，但却是真实的。亚述人(Assyrian)打败迦勒底人(Chalden)，米提亚人(Mede)打败亚述人，希腊人打败波斯人，帕提亚(Parthian)打败希腊人，罗马人打败迦太基人(Carthaginian)，哥特人打败罗马人，土耳其人打败阿拉伯人，以及鞑靼人(Tartar)打败土耳其人。相反，罗

马人不愿越过多瑙河(Danube)。在图拉真(Trajan)建造了一座巨型石桥横跨多瑙河(据说它有二十座桥塔,其残迹现依然存在)后,他确实彻底地征服了达西亚人(Dacian)。而当哈德良(Hadrain)了解到这些部落不易征服且不甘于失败时,他下令摧毁那座桥。且让我们引用新近的事例。

法国人在法国本土常惨遭英国人击败,且几乎失去了他们的领土;如果不是被那里的居民邀请,他们永远也不会进入英格兰。另一方面,英格兰人经常遭到苏格兰人的打击,而且,尽管他们为争夺控制权战斗了1200多年,他们还是不能将苏格兰人从该岛的一隅逐出,即便在物资与人力方面远远优于还不如法国的苏格兰人。

让·博丹,《轻松理解历史的方法》(*Method for the Easy Understanding of Histories*),**(1566年),雷诺兹**(B. Reynolds)**译,(1945年)纽约**,pp. 85—93。

博丹对于历史的归纳解释的另一种方法建立在经验主义的基础上(这一基础将其与中世纪作家如弗里辛的奥托的解释区分开,前文,第14页),乃是一种数字命理学(numberological)的方法。不同于逐渐转变为社会学的地理环境论方法,这种方法已被证明是,即便不是一个无望成功的方法,至少不是一个决定性方法。它是 86
一种文艺复兴时期风尚的有趣事例,这种风尚并不预示着现代世界。但仅因为它不"现代"而将这一方法略去,会让人对于文艺复兴时期的历史思想产生片面的看法。

值得注意的是,从所有希腊学者和拉丁学者开始到目前为止,还没有人以国家为例来说明与帝国类型相关联数字的力量和意义。尤其值得注意的是,由于这不仅关系到政体的类型,还关系到国家的发展、变化和瓦解;它甚至会使得伊壁鸠鲁学派承认人类事务不是被胡乱地、偶然地控制着,而是由万能的上帝的权威和旨意掌控着……认真考虑这个问题的人不会怀疑人的死亡发生在 7 和 9 的倍数里，如 14，18，21，27，28，35，36，42，45，49，56。而如果第七和第九同时发生的话，所有古代的人都一致认为这是最危险的年份……因为有无数人死于第六十三年[1]：亚里士多德、克利西波斯（Chrysippus）、薄伽丘、圣贝尔纳、伊拉斯谟、路德、梅兰希通（Melanchthon）、西尔维乌斯（Silvius）、亚历山大、雅各布·斯图姆（Jacob Sturm）、库萨的尼古拉以及托马斯·利纳克尔（Thomas Linacre）……

若是有人细心观察罗马人内战、平民的脱离和国内冲突，就会发现其年数在 7 的倍数或 9 的倍数或同时两者的倍数。从城市建立到国王们逃亡，历经 243 年；从逃亡到叛逆，468 年；从逃亡到平民退出至圣山（Sacred Mount），18 年；到第二次，63 年；到第三次，225 年；到格拉古兄弟（Gracchi）的骚乱，378 年；从此至马里安内战（Marian Civil War），45 年；从此至凯撒战争（Caesarian War），7 年；从叛逆到西西里（Sicily）内战，7 年；从此至最后一次内战即亚克兴（Actium）海战，7 年。所有这些数值都是从整数 9 或 7 或两者同时发展而来的。此外，这座城市本身在建立 364 年后被占领，这同样来自 7 的倍数，从城市的建立到在坎尼（Cannae）被打败历经 539 年，这是 77 年的 7 倍。当时罗马帝国几乎被摧毁。从坎尼的战败到巴鲁斯（Barus）的战败是 224 年。这两个数字都来自七的倍数，且两次战败都出现在 8 月 2 日。同样，在萨拉米斯（Salamis）战役
87 胜利后的第 77 年，莱山得（Lysander）将雅典城墙夷为平地。普鲁塔克（Plutarch）在莱山得传中补充道，每次事件都发生于穆尼基昂（*Munichion*）月第六天。同样，公元 707 年，在罗德里克国王（King Roderick）的第七年，摩尔人入侵西班牙；在 770 年之后他们被逐出，这可见于西班牙作家塔拉瓦（Tarafa）本人的著述。

博丹，《方法》，pp. 225—230。

---

① 这是著名的“人生转折点”。——原注

2　循环论

博丹的观点是文艺复兴时期通行的历史解释——循环论——方向上一次过于精确的尝试。在中世纪，更侧重于基督教教义中隐含的线性历史解释。文艺复兴时期的历史更多地关注这个世界，其他方式得以了解。16世纪军人作家路易·达·波尔托（Luigi da Porto）以警句形式提出历史的循环解释，他写道，和平造成富裕，富裕引起骄傲，骄傲导致愤怒，愤怒引起战争，战争导致贫困，贫困导致谦卑，谦卑导致和平，和平导致富裕……这就是世界的运行模式（*cosi girano le cose del mondo*）。马基雅维利循着波利比奥斯的观点，提出政治史的循环解释，认为君主政体产生专制政体，专制政体为民主政体所取代，民主政体产生无政府状态，然后又是君主政体，"所有政权都依此循环"（《论李维》（*Discourses*），卷I，第2章）。而瓦萨里在关于艺术复兴三个阶段的著名论断中，似乎暗示了美术史的循环论，因为他知道古人之前已经历过所有这些阶段，意识到米开朗基罗之后的艺术"更有理由担心它的衰退，而不是期望它进一步提高"。帕特里齐（Patrizzi）在他的《对话十篇》（*Ten Dialogues*）中提出所有的国家都有开端、成长、成熟、衰退和没落时期。17世纪初，这一理论经常被西班牙人和外国人用来解释西班牙的衰落。有时认为国家的兴衰正如个人一样，也有生长、成熟和衰退期；有时认为人类事务受月球的影响，因为月亮有盈亏变化。不论所表达的什么形象（而且这些比较不是被视为主观的，而是客观的；不是比喻的，而是真正的"一致"），这一时期对历史循环论的信念非常强烈。这里有一个著名的例子，源自该主题的一部著作，勒·罗伊（Louis Le Roy，1510－1577）的《人事浮沉》（*On the Vicissitude of Affairs*）。路易·勒·罗伊是法兰西学院的希腊语教授，生活于法国文艺复兴与宗教战争期间，他强烈地意识到他那 88
个时代的成就与未来的大灾变联系在一起，这强化了他广泛的历史循环理论。

现在是结束该论述的时候了，它清楚地显示了所有人类事务——武器、文学、语言、艺术、国家、法律、道德——的浮沉，以及如何永不停息的兴衰优劣交替。

如果记忆和了解过去，是指导现在并警示未来，那恐怕这个世界已达到如此卓越的力量、智慧、学问、书籍、产业、艺术和知识，将要衰退和毁灭，像它们过去那样。今天的秩序和完美将继之以混乱，文明继之以粗野，知识继之以无知，优雅继之以野蛮。[以心灵之眼]我已能预见到不同民族的奇怪形状、颜色和衣服，如同哥特人、匈奴人、伦巴底人、汪达尔人以及撒拉逊人曾经那样委身于欧洲大地。他们将摧毁我们的城镇、城市、城堡、宫殿、神庙，改变道德、法律、语言和宗教，他们将烧毁图书馆并摧毁他们在占领国发现的一切美好事物，以便消除他们的荣耀与美德。我预见国外和国内战争无处不在；派系倾轧和异端学说将出现，它们将亵渎神和人类的一切；饥荒和瘟疫将威胁人类；自然秩序、天体的周期性运行以及元素的和谐将分崩离析，带来洪水、酷热和最猛烈的地震。宇宙将由于其中之一而走到尽头，随之而来的是混乱及一切回归远古的混沌状态。

如医师所言，这些事情产生于这个世界所服从的法则；它们有其自然成因。同样，这些事情主要依赖于神圣天命，它高于整个自然，且唯有他知晓这些必将如期发生。

路易·勒·罗伊，《人事浮沉》(1579年)巴黎，ff. 112—113。

弗朗西斯·培根和托马斯·布朗也在他们著名的雄辩篇章中，表达了他们对历史循环解释的信念。

89 在一个国家年轻的时候，武力兴盛；中年之际，学问兴盛；然后一段时期二者俱兴；在衰落时期，技艺和商业兴盛。学问有它的童年期，此时它刚刚开始且近乎幼稚；然后是它的青年期，此时它风华正茂且青春年少；接着是它的壮年时代，此时它稳健雄厚且渐趋衰退;最后是它的老年时代,此时它日渐枯萎和衰竭。但是,我们对这些变迁兴衰的转轮观看得太久并不好,以免我们眼花缭乱。

弗朗西斯·培根,《随笔》(*Essays*),赖特(W. A. Wright)编辑(1881年),伦敦,pp. 237—238;这篇随笔最早出现于1625年版本中

人世间像是有轮回(Metempsychosis),人的灵魂,似能转胎于他人之身,某些观念,在岁月更迭之后,往往又得其徒众,而他们的头脑,恰如始作俑者一般……人是再世之人,今日之世界,亦昨日之世界……一国的荣耀,须赖有他国的败落,国有盛衰,邦有兴亡,均随转于那不因人力、而是靠上帝之手转动的毂轮[①],因此列国才在自己既定的时辰里,升到国势的巅顶。无法在螺旋线上攀升不止的,不独有人的生命,还有邦国以及天下的命脉;它们在圆圈里周流,在如日中天之后,又沉回到地平线的下面。[②]

托马斯·布朗爵士,《医生的宗教》(*Religio Medici*),写于1635年前后,1642年出版,(1906年)伦敦,pp. 8,20—21。

3 揭示真相与剖析变革

如果说16世纪的一些历史学家乞灵于星宿的话,另外一些则更贴近人世间,注意力集中于人的动机,尤其是其利己主义的动机。在圭恰迪尼之后,威尼斯修士保罗·萨尔皮(Paolo Sarpi, 1552-1623)是这一解释类型的伟大代表,历史上以"揭露"特伦特公会议(the Council of Trent)而著称。"揭露"意在表明人们所声称的高尚行为,实际却是在谋取私利;它意味着宗教史降低到了政治

① 人们认为行星由他们的被称为"智能"(intelligences)的心灵驱动。——原注

② 〔英〕托马斯·布朗,《瓮葬》,缪哲译,光明日报出版社,2000年版,第39、52页。

史。对于萨尔皮而言，政治就是自马克思以来我们所称谓的“基础设施”、基本的现实。在下面的文字中，他叙述了导致保罗三世
90 (Paul III)决定转移特伦特公会议的事件。但他以叙事形式呈现出的，是萨尔皮提出的系列假定，以解释教皇的行为，并暗示保罗反对改革教会的企图，因为这会导致他丧失权力。

> 教皇思考着他从特伦特以及德国教廷大使那里获得的消息，并与幕僚们讨论。他担心这个公会议会对他本人和教皇的整体权力造成某种损害。他考虑到神学家们的派系，尤其是多明我会和方济会这些派系，古老的竞争对手和教义上的敌对者，他们在会议上忘乎所以并超出了谨慎者费心设定的限制。他们之间的分歧不亚于与路德教会的分歧，且争端如此尖锐，要是他们没有达成某种理解，就有着发生严重事情的危险。他特别思考了居住权是否神定(*de iure divino*)这一争端，以及多明我会修士巴尔托洛梅奥·卡兰扎(Bartolomeo Carranza)的鲁莽，在众人怂恿下竟称反对意见为恶魔的教义。他看到另一弊端极易于出现，如路德的学说；而要是居住权成为一个信仰问题，教皇权力将化为乌有。他认为所有的改革都以限制教皇权力而增大主教们的权力为目的。当公会议给了他希望，将改革的任务托付于他(他甚至起草了教皇诏书，承担起一切责任)，而后继续进行更激烈的讨论而未曾顾及他时，他已认识到他的权威未受尊重。他极度不信任西班牙人的活力与勇气，并注意到西班牙人一般不随意行动，他们表现出更大的尊重，他们紧密地团结在一起，且他们向前看一百步才会迈出一步。他们聚在一起并共同起草一份不信任案，在他看来似乎是个极其严重的问题。他觉得皇帝所暗示的这点貌似有理，因为他的大使每天会见他们。他还因为皇帝的好运而怀疑他的意图，这让人们无法限制他们的计划。他思考皇帝的宽容政策，并从他想奉承路德教会的方面来解释。当意大利军队离开时，他不仅要考虑皇帝的抱怨，还有他的教长们的——在他们需要的时刻被抛弃

了。他知道皇帝因热那亚(Genoa)叛乱而责备皮亚琴察(Piacenza)公爵(教皇之子);尤其是,他回想了皇帝对教皇使节说的话——他没有比教皇更大的敌人。他担心如果皇帝获得了德国的绝对权力,他将会考虑在意大利采取同样的行动,并以公会议作为武器来反对教皇。考虑到不久将去世的法国国王那无法治愈的疾病,以及年轻没有经验的法国皇太子(Dauphin)不能指望的事实,他意识到皇帝将没有任何对手。他确信,只要皇帝站出来公开反对教皇,迄止目前一直支持罗马教廷的高级教士们就会宣布支持皇帝,无论是出于惧怕,因为皇帝更强大,还是出于对教皇权威的普遍嫉妒——他们一旦发现教皇的权威被限制在安全范围内,他们就不再隐藏其嫉妒。 91

这些考虑使他决定对公会议做点什么。终止它似乎不可能,因为所有事务仍需要讨论。他需要某种重要理由来延缓它,但无论如何这都不够有效,因为他会立刻被要求取消延缓。最好的办法似乎是将公会议转移到一个他有绝对权力的地方。如果不得不这样做,那就必须这样做,以解除所有危险;这意味着在他自己的领地举行公会议。思虑再三,他认定在罗马举行会议不是一个好主意,因为这将会在德国引起一场轩然大波。博洛尼亚似乎是最合适的地方,因为它地方广大、土地肥沃,还方便那些来自阿尔卑斯山脉另一边的人。按照这些思路,他决定个人置身事外,使它看起来像是教廷使节凭借他在2月22日教皇诏书中赋予的权力主动行事,该诏书已于1945年8月送给他们。这样,如果对转移有任何反对意见,使节们便首当其冲,而没有参与其中的他,就更易于支持他们。而且,要是由于某种原因而改变了主意,他也可以这样做而不失脸面。

萨尔皮,《特伦特公会议史》(*History of the Council of Trent*),(1619年),见于《萨尔皮》,伯克(P. Burke)编辑,(1967年)纽约,卷2,第9章,pp. 194—196。

92 达维拉(Arrigo Caterina Davila, 1576－1631)的《法兰西内战》(*The Civil Wars in France*)的开篇为法国宗教战争提供了一种不同于罗伊的解释方法，他主要遵循圭恰迪尼的传统，提出一种更像折衷的历史解释。该书出版于1630年，即这些战争结束后的一代人时间。阿里戈·凯瑟琳·达维拉是凯瑟琳·德·美第奇(Catherine de'Medici)的侍从官，也是服务于亨利四世和威尼斯的职业军人。他的历史分析的特征，也是使其与圭恰迪尼及其他16世纪作家区分开来的，是他对于潜在原因与伪装动机的重要性以及对于历史的表象与现实的差异性的敏锐意识，像许多同时代人一样。有人可能会称这种意识为“巴洛克的”历史意识，因为巴洛克的艺术和文学也非常关注于探究表象与现实间的差异。无论称其什么，这种意识已永久地丰富了历史分析。

> 使法兰西王国陷入混乱和痛苦的四十年内战，包含着如此伟大的事业，对于明智地思考它们的人来说，它们是有益教训的神奇源泉。另一方面，它们的进展是模糊混乱的。许多行动的原因并不明显；许多决策的动机不清晰；无数的事情难以理解，因为个人的利益以各种借口加以掩饰。确实，许多优秀的作家努力让这丰富的材料更易于理解，且他们高度的勤勉与可贵的辛劳对知识有着重要的贡献。尽管困难和障碍重重，大量的事件都值得关注、都很重要，却被埋葬在内战的巨大废墟下。因此，挖掘并依次描述它们的工作与过去已写就的著作，对未来都有着同样的价值。
>
> 孩提时代，我被带到法兰西王国的中部地区，我在那里生活了很长一段时间。幸亏动荡的生活历程，我因此有机会亲眼目睹这些著名事件最显著也最模糊的环境。我再不能找到更有价值的材料，或比起我投身于从这些动乱的最早开端来描述
> 93 其进展更好的方式，来消磨我的成年时光了。第一次武装冲突在我出生前的1560年发生，因此我未能目睹内战的开始。不过，我设法通过当时管理王国事务的人们最彻底地了解它。由

> 于这一点，以及我对继之而来的事情的完整而准确的了解，我能够轻易地深入战争最古老、最遥远的原因……
>
> 在完成我的这项艰难事业的过程中，我将没有现成的文字或重要概念的帮助。不管怎样，我摆脱了那通常将作家引入歧途的激情，我希望能够循着我亲身经历的事件的自然顺序并解释它们，因为我在国王内廷和战斗前线度过了很多年。
>
> 达维拉，《法兰西内战》，(1630 年)(1811 年版)米兰，pp. 3—5。

英国要等到两代人后才出现它的达维拉，正如英国内战比法国迟两代人的时间。英国的达维拉就是克拉朗东伯爵(Earl of Clarendon)爱德华·海德(Edward Hyde, 1609－1674)，他服务于查理一世和查理二世。他写作是因为他要解释发生在英国的这场灾难的"土壤、环境和阴谋"，正如他之前的达维拉和圭恰迪尼一样，他们的分析力受心理需要的刺激而接受并解释灾难——内战与外患。克拉朗东将传统上归于"上帝之手"的解释与更新、更世俗地对间接的或"自然的"原因的兴趣结合起来。克拉朗东在个人层面上的解释具有洞察力，同时也意识到非人力的重要性，即他所称"那个时代的性情、倾向和风尚"，但他不愿意进一步地分析。

> 后世也许不会受这些时代泛滥的邪恶之欺，而相信全民族并非普遍的联合和全体背叛其宗教和忠诚，整个王国能在如此短的时间内产生如此全面而巨大的转变与混乱……向世人呈现这次叛乱的土壤、环境和阴谋的完整而清晰的解说不会无益(至少对于人类的好奇心若非良知来说)，不仅要从内战之火 94
> 初显之时，而要回溯至先前的转变、意外事件和行动等，由它们而形成温床，这些祸根自此而相继发展至今日的高度。
>
> 其次，在使一个民族(已为破坏做好准备)陷入愚蠢而疯狂的所有堕落行为中，上帝的作用和判断力会是非常明显的。让弱者促成邪恶者的图谋，出于愧疚的良知而逐渐忍受这些，变

得比预期的更加邪恶；使智者为无知者所蒙蔽，而让无辜者懒惰并昏睡于极其明显的危急时刻；以牢固而持久的邪恶同盟联合起坏人，尽管他们有着极不相同的看法、分开的利益与冷漠的感情；将那些见解和利益一致的人们分成派系和竞争对手，对于公众比背叛他人更有害：当穷人们以对宗教、法律、自由和议会（这些词的原意值得珍视）的热情为借口猛烈地行动起来，引入无神论，分解基督教的所有元素，取消所有的债务，摧毁法律和自由的所有基础，使得议会的特权甚至存在变得无望和不可能。我要说，尽管上帝直接的手指和愤怒在这些混乱纷扰中必须得到承认，而细致观察时机的混乱和危急，人们的野心、傲慢和愚蠢以及邪恶的突增的人（由于第一印象中缺乏细心与慎重），将会发现这大量的苦难已开始，已降临我们头上，从以其长久富足、骄傲与滥无节制而常使王国膨胀的自然原因和方式，迈向某种明显的屈辱和天堂的惩罚……

为发现进入这些黑暗道路的入口，我不会引领任何人在这一回溯历程中，走到比这位国王统治之初更远的地方。因为我不像那些人那样敏锐，他们觉察到这次叛乱从女王伊丽莎白死亡之时（若非之前的话）便开始谋划，由基督教世界几位君主
95 和政府的重要大臣煽动直至它爆发。我也不能回顾这么遥远，以致相信其谋画自形成以来会如此长久（他们——观察了几起意外事件，未能很好地谋划却促成了几次成功的事件，且确实了解作为这一变化重要工具的那些人，其中没有任何四人是彼此熟悉和相互信任的——会轻易地宽恕其恶行中的勤劳和远见）；但通过观察那个时代、那个宫廷和那个国家的性情、倾向和风尚，我们可以看清楚人们准备的、一些人要做的和其他人要遭受的事情的想法。所有这已发生的：这个人的自豪，那个人的名望；一个人的轻浮，另一个人的郁闷；无节制的宫廷极度贫困，而节俭的乡村极度充裕；一些是工艺和微妙的精神，另外一些是粗糙和未经打磨的完整性，极其鄙视工艺或艺术；像许多原子一起促成了我们眼前的混乱状态。

海德，《叛乱史》（*History of the Rebellion*），卷2，麦克雷（W. D. Macray）编辑，（1881年）牛津大学，pp. 461—464。

哲学家托马斯·霍布斯（Thomas Hobbes，1588－1679）也试图在与他更著名的政论著作《利维坦》（*Leviathan*，1651年）相对应的历史著作《贝希摩斯》（*Behemoth*）对话中阐明英国内战的原因。

A. 如果适时适地，我会在一定程度上真正相信其时间是在1640年至1660年之间。因为他那时如同从魔鬼的山上观看了世界并观察了人类的行为，特别是英国人的行为，可能获得了这个世界提供的种种不公平、种种愚蠢的景象，以及怎样因他们的虚伪和自负产生，一个是双倍的不公正，另一个是双倍的愚蠢。

B. 我应该为看到那个景象而高兴。你生活在那个时期那个年龄段，在那里人们过去常常最有效地观察善与恶。我求你把我放在那同一座山上，我不能通过你那时看到的行为以及他们的原因、自负、正义、秩序、计谋和结果之间的关系看得如此清晰。

A. 在1640年，英国政府是君主制的；当时的统治者国王 96
查理，第一个叫这个名字，握有主权，凭借血统持续了600多年，来自一个更长的世系苏格兰国王，来自他的前辈亨利二世，爱尔兰国王；一个这样的人，不需要美德，身体或头脑两者任选其一，也不努力做任何事情而仅仅是为上帝履行他的职责，管理好他的国民。

B. 在每个地区都有那么多训练有素的士兵，集中在一起可以组建了一支6万人的军队；在防御工程加固的地方有各种军火弹药库，那么，他怎么可能失败呢？

A. 如果那些士兵像他们以及所有其他国民本应该的那样听从国王的命令，三个王国的和平与幸福还会继续，如同詹姆斯国王留下的那样。但是人们普遍地堕落了，不听指挥的人被

认为是最好的爱国者。

B. 但是,除了那些不服气的的人,肯定有足够的人建立一支军队,有效阻止人们结合为一个能反对他的团体。

A. 我认为不假。如果国王有钱,他便可能在英国拥有足够的士兵。因为普通民众几乎不会关心任何事业,而会为报酬和战利品参与一方。然而国王的经费很低,而他的敌人,伪称减轻人们的税收和华而不实的东西,控制了伦敦城以及英国大多数城市和自治城镇的财源,还有很多特定人士的财源。

B. 但是人们怎么变得如此堕落?诱使他们堕落的人是什么样的人呢?

A. 诱惑者各种各样。一种人是牧师。如他们自称的那样,基督的执事;有时候,作为上帝的使者在向人们布道;佯称从上帝那里获得管理教区每一个人的权力,且他们的会众是整个国家。

第二种人,他们有很大的数量,是其他不可比拟的。虽然教皇在英国的世俗和宗教的权力已被议会法案废除了,但他们依然保持一个信仰,我们应该由教皇管理。他们伪称教皇是基督的代理人,行使基督的权力,是所有基督徒的管理者。这些人通称为天主教徒(Papist),如同我所提到的牧师通常被称为长老会教徒(Presbyterians)。

97 第三种人,他们也不少。在灾难开始的时候没有发现他们,但不久之后,他们宣称自己宗教上的自由,他们相互之间有不同的意见。其中一些人,因希望所有地方教会自由且彼此独立而被称为独立派。另一些人认为婴儿不能理解受洗后的归属,对婴儿洗礼是无效的,他们因此被称为再洗礼派。还有一些人认为基督的王国即将降临人间,他们被称为第五王国派。此外还有一些其他的宗派,如贵格会、亚当派等等,他们的名字和独特的教义,我记得不清楚。这些敌人从个人解释圣经的角度反对国王,让每一个人以其母语来检验《圣经》。

第四种人,他们有极大数量的优秀男人。他们受过教育,在年轻时阅读了古希腊和罗马共和国著名人物撰写的关于其政治和伟大行为的书籍。在那些书籍中，受欢迎的政府以自由这一光辉的名义受到赞美，君主政体因专制而蒙羞。因此他们热爱其政府的形式。从他们当中选出下议院的绝大部分成员，而即使他们没有占据绝大部分，也依然能利用他们的雄辩术改变其他人。

第五种人，伦敦城及其他大的商业城镇，羡慕低地国家在背叛他们的君主西班牙国王之后的繁荣，他们倾向于认为，如果政府有相似的变化，将会使他们产生类似的繁荣。

第六种人，有很大一个数量，他们要么浪费自己的财富，要么认为过于卑微不配内在于他们自身的优秀部分，而且更多的是，他们有合格的身体，但没有发现如何诚实地得到面包的方法。这些人渴望一场战争，并希望幸运地选择一个团体予以支持，以后借此来维持自己的生活，结果是，他们中的大部分人在那些拥有大量钱财的人们手下任职。

最后的一种人，对他们的责任是那样的无知，以致可能一万人中没有一人知道什么人有权利控制他，或是国王或共和国有什么必要性。他不情愿为其舍弃金钱，认为自己是所拥有的任何东西的主人，不能以未经他同意的公共安全为由从他那里夺走什么。他们认为国王仅仅是绅士、骑士、男爵、伯爵、公爵得财富之助步步攀登的最高荣誉的一个头衔；他们没有平衡法规则，而只有判例和习俗。他被认为是最聪明、最适于为最反对补助金发放或其他公共补偿的议会而当选的。 98

托马斯·霍布斯，《贝希摩斯》，英文著作，威廉·莫尔斯沃思爵士（Sir William Molesworth）编辑，卷 6，（1840 年）伦敦，pp. 165f。

英国并非唯一经历了 17 世纪中叶革命的国家；17 世纪 40 年代欧洲掀起了革命的浪潮。同样，英国也不是唯一剖析革命原因的国家，特别是在意大利，涌现了一批解释和描述新近发生的“暴乱”的书籍。现时的“革命”（拉丁文 *revolutio*，意大利文 *revlutione*）一词便有了政治含义，之前是一个天文学术语，如在哥白尼的《天体运行说》（*Revolutions of the Celestial Orbs*）中。意大利的吉拉菲（Giraffi）在 1647 年将其用于那一年的那不勒斯起义；英国的马太·雷恩（Mattew Wren）将其指称 1650 年前后的“英国革命”。采用这个词的原因，也许与前面讨论过的信奉历史循环论有关。

在论述 17 世纪 40 年代革命方面，最有趣的一位是马约利诺·比萨乔尼伯爵（Maiolino Bisaccioni，1582 - 1663），费拉拉的贵族，后成为职业作家并定居威尼斯。他在著作的开篇将自己置身于马基雅维利和论塔西佗与国家理性的 17 世纪作家的传统中。

> 历史对于不同阶层的人们都有用（它对每个人来说都是有趣的），但没有人比君主更应该研究（我不只是说了解）它。这是因为历史是关于君主和伟人事迹的记述，可以向与自己相似的那些人学习；还因为历史是管理国家的艺术的真正女能手，显示什么行动路线值得追求，哪些该公开回避，哪些应以更微
> 99 妙的方式规避。我将阅读历史和研究历史区分开来。因为明达者撰写的历史著作含有更多的精髓，而不是对事实的简单叙述。因此科尔奈利乌斯·塔西佗比其他更博学的历史学家有更大的名声。他不仅描述发生了什么，而且可以说，他对他自己的叙述进行评论，并让读者更加深入事件，他仅仅对其提出一种解释。而要是说历史对君主们有价值，那最有益的，相信我，便是讲述人们的革命和暴乱[*le revolutioni*, *o commotion de'popoli*]……革命通常源自臣僚把持的腐败政府。所以我写下很多发生在我这个时代的民众起义[*rivolte de'popoli*]，可以合理地称之为政治地震……
>
> 比萨乔尼，《新近内战史》（*History of the Recent Civil Wars*），（1653 年第 2 版），pp. 1—2。

比萨乔尼接下去逐一描述这些政治地震，从英国开始，接着是

加泰罗尼亚(Catalonia)。在讲述加泰罗尼亚人时，他对于内在的和外在的、显性的和隐性的原因作了重要区分，这让人想到比萨乔尼属于达维拉那一代人。他宣称他的目标

> 是描述这场战争，它有两个原因，一个内在的，一个外在的。第一个原因，我们稍后再论。至于第二个原因，我在此有话要说，以免它与另一个相混淆……[他描述了加泰罗尼亚的教堂如何被德国雇佣军破坏]。加泰罗尼亚人认为他们得拿起武器，将这些纵火犯赶出他们的国家，将这些图像破坏者赶出他们的教堂。
>
> 第二个外在原因是伦巴底式的临时宿营。加泰罗尼亚人抱怨，这不仅消耗了他们的财产，而且自身还成为协议的条件……
>
> 看透人尤其是君主们的内心是极其困难的。自称最了解情况的人经常是最受蒙骗者，因为确实，国王的心在上帝手里(*cor regis in manu Dei*)，无数的皱褶掩盖了最深邃的秘密。这些君主们很多时候躲避自己的顾问并虚构其他表面的日标，以实现其真正目标。这是真正的政治审慎，多亏臣僚们的不忠， 100
> 他们为爱或恨、贪婪或野心(摅塞的四角)所左右，从而显露了其统治者的秘密。因此，为自身利益而欺骗臣僚，已成为一条根本法则。若是君主们的意图仅为上帝所知，那在记述加泰罗尼亚人事务的开端，我不那么自以为是讨论最真实的原因，而仅仅论述表面的原因，就不足为怪了。我并非不知，其他人(或许敌意地)暗示加泰罗尼亚(尤其是巴塞罗那)特权的数目和重要性，加泰罗尼亚人顽强捍卫的特权，使最虔诚的天主教国王的某位大臣想要逐渐地缩小，以废止它们。正如物质性的东西因使用而被毁，非物质性的东西则因缺乏而被毁。这个理论似乎合理(即便它是错误的)，因为这些特权使得加泰罗尼亚人似乎可与君主的权威相抗衡。而在我们的时代，也许可被称为君主国的满月(the full moon)，这些权利让君主们不满。

当国王们更像第一公民而不是封建领主，更像他们国家的父亲而不是所有者时，会容许这些权利……我知道加泰罗尼亚人一直热爱他们的这些特权，以致他们紧紧地拥抱它们，像嫉妒的恋人，疑心那无有的危险……然而，无论什么是这些骚乱最遥远的原因，对于我们来说知道这就足够了，这是事实，在1632年，国王在巴萨罗那拥有大片地产，国王的首席大臣伯爵—公爵奥里维瑞斯(Olivares)轻蔑地对待那个城市的代表们(我不知道是不由自主地，还是故意地)，以致他们开始视他为敌人。

比萨乔尼，《新近内战史》，(1653年第2版)，pp. 1—2。

已不止一次说过，17世纪中叶的一些作家似乎预示了经济的和社会的历史解释，这通常认为是18、19世纪期间的发明(或发现?)。在我引用的段落中，霍布斯提出，英国商人认为像荷兰那样在共和制下他们会更为富裕，比萨乔尼说加泰罗尼亚人因军队宿营毁坏了他们的财产而感到愤怒，克拉朗东指出“无节制的宫廷极
101 度贫困，而节俭的乡村则生活充裕”。在其他文字中，克拉朗东在这一方向上走得更远，正如克里斯托弗·希尔(Christopher Hill)观察到的，他“毫不隐晦地把内战的阵容描述为阶级划分”。下面是他实际所写的内容。在约克郡，

议会党……很明显地看出，在这个郡有荣誉、才能和产权者中的极大部分，会真心地反对他们的行为，因为除费尔法克斯(Fairfax)勋爵外，事实上很少有良好声誉和财富的人会那样行事……(反之)利兹(Leeds)、哈里法克斯(Halifax)和布拉德福德(Bradford)，三个人口稠密且富裕的城镇(完全依赖于呢绒商的他们，自然诋毁上流社会人士)，完全听从他们的摆布。

海德，《叛乱史》，麦克雷编辑，(1888年)牛津大学，卷2，p. 461，464。

更接近普遍经济的和社会的历史解释的，正如托尼(R. H.

Tawney)曾经在一次著名演讲中指出的，是另一位世纪中叶的革命剖析者詹姆士·哈林顿(James Harrington, 1611－1677)。如他指出英国历史上国王与地主贵族间的权力平衡依赖于土地的平衡，这样就将文艺复兴意大利人对待政治的方法与法学家关于封建社会的发现结合起来了。在下段文章中，他总结了从“图博”(Turbo)到“戴科托密”(Coraunus)的英国历史进程。

> 条顿(盎格鲁-撒克逊)民族的王国就在这种情形下存在了220年，后来有一个王身后无嗣，纽斯特利亚大公图博(诺曼底公爵威廉)要求继承王位，接着便用兵征服。继承王国后，便视之如被征服国家，将境内的伯爵庄园、贵士田、主教管区、教士管区都分给那一批纽斯特利亚人。从那时起，伯爵才称为康爵、议士或主爵(后来这两种称谓已经早就不用了)；贵士则称为男爵，贵士田则称为男爵田；豪士则仍然是低等贵族，保持着豪绅的称号……至于男爵，则自此以后可以根据不同时期而分为三种：一种是因财产或产权而成为的男爵，第二种是敕封男爵，第三种是特封男爵。从图博一世到征服时期以后的第七个国王阿多修斯(国王约翰)，男爵的称号都是根据财产或产
> 权而来的，其中包括宗教界与世俗两方面的人物。因为那时贵 102
> 士田、主教财产、26个修道院长的财产以及两个副修道院长的财产都被定为男爵封土。这样一来，条顿时期的议会中具有投票权的宗教贵族在纽斯特利亚时期的议会中，便以男爵身份而实行投票权。他们都要服敕封采邑骑士役。这一点是以往所没有的。后来，男爵封土一词就转而指一切封土，其中包括伯爵、男爵的封土。而男爵衔则兼指世俗与宗教两界的一切有权出席议会的贵族。在这种意义下的男爵有时多，有时少，但一般是200人或250人。他们共具有60 000份骑士采邑，其中有28 000份属教士所有。不幸的是，谁也说不上骑士采邑的准确价值是多少。某些文件说是每年收入40镑，另一些文件则说是每年收入10镑。如果有这种资料，我们就可以准确地

推算出那时政府的均势了……政府的基础与产权均势便存在于60 000份骑士采邑之中，而这些采邑则由250位贵族握有。足见那时的政府是少数人的政府，是贵族政府。人民也可以参加会议，但却是徒有其名。从议会的名册中可以看出，神职人员在整个民族中构成第三等级。法国的神职人员首先就是由于自身的财富而成为王国中一个等级，那么如果承认这个国家的人民是一个等级而又不承认神职人员是一个等级，便是非常荒谬的。后者在国家的所有权均势中所占的比重要大得多。在一个政府或国家中成为一个等级，大半要决定于这一点。因此，我们的政体中便包括着国王和三个等级——宗教贵族、世俗贵族和平民。我的意思是国家的均势是由这三方面构成的。但在某些国王的统治下，行政事务并不是由这三方面决定的。

由于图博以及继位诸王野心勃勃，企图成为极权君主，所以便倒行逆施，触犯国本之天。图博本人竟将整个国土分封给他那一批纽斯特利亚人，这事在一个时候虽能鼓动他们，但纽斯特利亚人只是外国人，在当地人中根基不稳，但他们在君主的庇荫下渐次成长，一旦在广大的国土中生了根，马上就站起来。这是内政均势中不爽分毫的原则。他们侵吞了本民族男爵的利益之后，就如狼似虎地竭力声称他们具有男爵自古流传
103 的权力与自由，就好像他们从来就是本地人一样。因此，一方面是君主一意孤行，力图获得绝对权力，而另一方面则是这批人力图获得豁免权。后来终于以各男爵的名义发动了战争……所以征服之战以后的第十二个国王戴科托密（查理二世）便开始分封特封男爵，并赏赐年金，维持他们和他们后代的尊贵地位。这样一来，这些人便只能虚耗国帑而不能屏藩王室……因为旧男爵对戴科托密厚封新贵一事感到极为愤懑，终于把他废黜了。这些人学得这一套巧计之后，就不断地根据自身的利益废立国王。并且分裂成红玫瑰与白玫瑰两党。直到征服时期后的第十八个国王潘纳古斯（亨利七世），所得的拥戴才超过了晋位为王的权力。这位国王秉性精明，所以声威立

即为之一振。但朝秦暮楚的贵族这时开始在这种政府中找到了另一种漏洞,即贵族拥戴的王室创业易而守成难。这一点,马基雅维利也指出来了。潘纳古斯心怀隐忧,唯恐贵族举乱。当初拥登王位的人是他们,将来废黜的人也可能是他们。所以他便采取贵族无法窥探的办法。然而其结果也是自己无法逆料的……潘纳古斯在削弱贵族权力时,自己却落入了人民手中。这一点由他那一时代所发布的几项法令中就可以看出,如人口法、扈从法以及财产让渡法等都是……

继潘纳古斯(亨利七世)为王的人是科朗奴斯,他将修道院解散,并将日就凋零的贵族财产分与人民经营。其数量之大,使共和国中的均势显然倾向人民方面,其程度无法不被帕西妮娅女王(Parthenia,伊丽莎白女王)的贤明议会认识到。因此他们便使女王的朝政通过一系列王室与人民之间的亲密交往而成为一种史料佳话,把贵族完全抛到一边去了。因此,下议院便渐次抬头,终至于咄咄逼人而为王室所畏惧,王室见着议会都为之色变。①

詹姆士·哈林顿,《大洋国》(*Oceana*),(1656年)伦敦,"绪言的第二部分"。

除此之外,在17世纪,真正经济的或社会的历史解释似乎尚未出现,仅仅是经济史或社会史专论;因为哈林顿的框架是政治—法律的,克拉朗东关于社会群体的论述非常罕见,处于其思想的边缘部分。17世纪思想中真正的"基础结构",不是经济或社会,更不是政治或法律,而是上帝。拉雷(Ralegh)在他的《世界史》(*History of the World*)中提出,上帝根据王国应得的报应使其繁荣或衰败。克拉朗东在他的《诗篇撷思》(*Reflections* on the Psalms)中期待着对"暴力一方"进行神圣的审判,这将采用分化他 104

① [英]詹姆士·哈林顿,《大洋国》,何新译,商务印书馆,2009年版,第64—70页。

们的形式，如同大卫王的反叛者被分化一样。博絮埃（Bosseut）在他的《世界史通论》（*Discourse on Universal History*，1681）中从上帝的旨意方面解释帝国的盛衰。一位清教牧师史蒂芬·马歇尔（Stephen Marshall）在1640年向下议院宣教时，告诉下议院它不过是上帝的工具：

> 钟盘上的指针，不是让时钟走动，而是显示它如何走动。
>
> 布道，1640年11月17日讲道，（1645年），伦敦，p. 23。

第五章　叙事 105

文艺复兴期间，历史经常被看作修辞学的分支，形式有时被认为要重于内容，优美的风格比对实际发生了什么以及为何发生的兴趣更重要。西班牙耶稣会士马里亚纳（Mariana，1535－1625）承认其受欢迎的《西班牙史》（*History of Spain*）也同样的。

> 我不能保证在著述《西班牙史》时会去核准其中的每个特定事实，因为如果那样的话，就永远也不会完成；但我保证以适当的风格和拉丁语，去组织他人为我想要构造的建筑物所收集的材料。
>
> 马里亚纳致阿亨索拉（Argensola）的信，译文见卢伊（G. Lewy），《宪政与治国之道》（*Constitutionalism and Statecraft*），（1960 年），日内瓦，p. 25。

整体上，文艺复兴文学与后期中世纪文学的区别，很大程度上与结构和形式组织有关。据说不论书写什么内容，都应当遵照特定的风格，特别是古典时期的风格，并模仿该风格的大师之作。历史学家应当效仿李维或修昔底德，正如史诗诗人应当效仿荷马和维吉尔一样。史诗应当论述英勇的冒险经历，从中间开始，要包括天上和人间的场景。历史也应当述说英雄的业绩，等而下之事有失“历史的尊严”，这是文艺复兴时期惯用的一个短语。在文艺复兴作家或塔西佗（下文，第 133 页）看来，历史的尊严应当将“下层”

的民众、事务或语言排除在外。[①] 据法国耶稣会士拉潘(Rapin,1621－1687)的说法,凯撒已违背了这一法则,因为:

> 106 凯撒的《高卢战记》中描绘了他的军事机器,以及与主题相关的大量的环境细节。
>
> 拉潘,《批评文集》(*Critical works*),英译本,(1706 年)伦敦,p. 2。

16、17 世纪的美术理论中,也可见极类似的思维方式,普桑认为绘画的主题应当高贵或崇高,如战争或英雄事迹。在一幅《逃亡埃及》的图画中,普桑将《圣经》中提及的骆驼略去,因为它们在历史的尊严之下。这种偏见部分是文学的,部分是社会的。根据文艺复兴时期恢复的划分风格的古典法则,任何“低级”事物或日常生活类事务,都应当以低俗的风格来处理,而历史学家通常以高贵的风格来写作;而这一文学的价值观明显地反映了社会的价值观。这一偏见的后果极其重大,正如笛卡尔所指出的,它扭曲了政治史,并使得社会史直到 18 世纪才得以出现,有趣的是,风俗画(genre painting)在英国和法国的出现也是这样。

修辞学对于文艺复兴时期历史的增删有着明显的影响。历史通常包含着固定的套路,给予作者展示修辞技巧的机会。这些套式包括杰出人物的“性格”或道德形象;行动的描述,尤其是战斗的描述;以及最为重要的,演说。这三种情形都有着这一危险,即美或是模仿古代历史学家的愿望可能胜过了真。人物、战斗和演说词倾向于采用程式化形式,正如画家倾向于模仿古典的姿势,诗人们仿效古典的陈旧主题(*topoi*)。文艺复兴时期史学家看重的不是精确地传达这位人物的个性,或是精确地描述这一时刻的所言所行,而是要表现出一位首领、一场战斗、一次演说的一般印象。材

---

① 对照沙皇听说普希金正计划写 18 世纪俄国农民领袖普加乔夫(Pugachev)时对他说,“这样的人没有历史”。——原注

料不足的话——这就是问题所在——允许杜撰。你可能无法弄清楚法国人是进攻左翼还是右翼，而描述长矛和战马、勇敢的攻击和贪婪的掠夺总是可能的。我们要找到某位将军在某个特定场合对其军队说的话几乎不可能，即便真有这样的讲话，而很有可能为此虚构一次“激励性演说”。读者喜欢这样；证据是这个事实，出自古代和现代重要历史学家的演讲选集已出版。如 1753 年弗朗索 107
瓦·德·贝尔福莱斯特(Francois de Belleforêt)出版了一本 1434 页的书籍，叫做《军事演讲》(*Military Harangues*)，这些演讲是从著名历史学家那里挑选出来的，每篇演讲的前面有论点概要，后面有效果记述。你得记住，文艺复兴时期人文主义者坚信修辞学力量能赢得战斗，攻克堡垒，甚至改变国家政府的形式。

现在让我列举这些人文主义固定模式的一些事例。首先是来自科米纳、圭恰迪尼、克拉朗东的三个“人物”。

菲利普·德·科米纳(Philippe de Commynes, 1447－1511)服务于大胆的查理(Charles the Bold)，后投靠国王路易十一(Louis XI)。他撰写了 1489 年至 1498 年间的回忆录。称他为“人文主义”历史学家可能被认为有些怪异，因为他几乎不会写拉丁文，他的著作定位于傅华萨(Froissart)的传统中；但一些古典学问似乎或多或少影响过他，而且他不但让人想起傅华萨，还让人想起李维。

> 我所知道的所有君主中，在事态严重时最能巧妙地摆脱困境的，是我们的主人路易十一。他也是在语言和衣着方面最为简洁之人，而且他会竭尽全力争取一个可能对他有用或有害的人。他不会为正在努力争取的人的回绝而恼怒，而是会继续做出慷慨的承诺，并给予他金钱和满意的官职。他在和平与繁荣的时期解雇一些人，当需要他们时，他会高价召回；利用他们且不念旧恶。
>
> 他生来是中等人士(*moyen estat*)天然的朋友，所有伟大者的敌人，他们不需要他。没有人像他那样听取那么多人的意见，像他那样询问那么事情或希望认识那么多的人；因为他认

识英国、西班牙、葡萄牙、意大利以及勃艮第公爵和布列塔尼公爵土地上所有的重要人物，正如他了解自己的臣民一样。我所提到他的这些习惯是其王位的保护者，就敌人而论，他是通过继承而获得王位的。

最重要的是，他超乎寻常的慷慨大方对他很有用。而正如他在逆境中的明智，于是在相反的情况下，当他认为自己安全或处于休战时期，他开始在对他没有任何益处的微不足道的方
108 面骚扰人们；他几乎不能忍受和平。他不仔细考虑他对人们所发的评论，不管他们是否在场，除了他所害怕的那些人以外：这样的人很多，因为他是个天生很胆小的人。当他以这种方式说话而对自己造成了伤害，或担心自己这么做了而想道歉时，他会对有关人士这样说道："我深知我的舌头对我造成了很大的伤害，正如它有时给我带来很多的快乐。照样，我应该道歉。"每当他这样说时，就会给对方礼物，且不会是个小礼物。

当一位君主能识别善恶，尤其是有更大的善的时候，如我们主人国王的情况，上帝赐予他大恩惠。而我的观点是，他年轻时的艰辛对他很有价值，当时他从父亲那里逃至勃艮第的菲利普公爵(Duck Philip of Burgundy)那里，在他的宫廷度过六年，他被迫讨好他需要的人们。这给了他身处逆境的经验，这可不是一件小事。

科米纳，《回忆录》(*Memoris*)，卡尔默特(J. Calmette)编辑，(1924年)，巴黎，卷I，书I，第10章。

弗朗切斯科·圭恰迪尼是佛罗伦萨贵族，也是教会机构的管理人员。相比科米纳，他对经典著作有更深入的研究，对教皇亚历山大这个人物似乎是效仿李维对汉尼拔(Hannibal)的描述(下文，第131页)。

英诺森的继任者是瓦伦西亚(Valencia)的罗德里格·波吉亚(Rodrigo Borgia)，瓦伦西亚是西班牙皇家城市之一。而作

为一位资历较深的红衣主教和罗马法庭的重要人物被提升至
罗马教皇职位，是由于红衣主教阿斯卡尼奥·斯福尔扎
(Ascanio Sforza)与温科拉(Vincola)的朱利亚诺·迪·圣皮耶
罗(Giuliano di san Piero)间的分歧，更由于他以金钱、职位和恩
惠公开地收买很多红衣主教的选票而为那个时代开了一个先
例这一事实。众所周知，那不勒斯国王尽管在公共场合隐藏其
悲伤，但还是含泪告诉他的妻子——甚至在他的孩子死亡时他
都不习惯流泪——将给意大利和整个基督教世界带来灾难的
教皇被选出来了，一个真正无负于斐迪南(Ferdinand)的智慧
的预言。因为亚历山大六世(正如新教皇所希望称呼的那样)
在所有艰难事业中拥有非凡的睿智和远见，巧妙的决策、神奇
的说服力与令人难以置信的能力及应用；但他的恶习远超过这
些美德：十足下流的习性，既没有真诚，也没有廉耻，没有真 109
理，没有信仰，没有宗教，永不餍足的贪婪，毫无节制的野心，
极其野蛮残忍以及不计手段地擢升其众多子女的强烈欲望。

圭恰迪尼，《意大利史》，格雷森译，(1964年)，纽约，pp. 89—90。

第三个人物是出自克拉朗东的洛德(Laud)，虽然在17世纪中叶，却仍处于人文主义传统中。

他是一位伟大的人物，其极具典范性的美德被某些不受欢迎的天生缺点所减弱和败坏；其中最突出的是(除急切而尖锐地表达自己的方式外)，他相信纯真的心灵和完整的礼仪是一名强大的守卫，足以保证任何人在这个世界行程的安全，无论和谁一起旅行，也无论经过什么路径：确信没有谁更具备那些了。他的父母诚实，并完全能提供他高等学府的教育，因此他们把他送到牛津大学圣约翰学院，那所著名大学里那个时代最少捐赠的学院。当他接受了所有的恩惠和学位，在那里获得学监之职和博士学位后，从学者到理事，然后是那个学院院长。

他总是遭到加尔文教派的诽谤和迫害。加尔文教派当时很强大,他们根据其有效的准则和实践,称每一位他们不喜欢的人为天主教徒。以这种可笑的名目,他们给他制造了许多麻烦和困扰,并长久地压制他,以致尽管他是国王的专职教士,尽管他作为一名优秀的传教士和最崇高领域的一位学者而被关注,但一直到韶华去尽也没有任何晋升机会让他离开那所只供他面包的贫困学院……

当他掌握重权后,也许是对之前不公正地、无情地迫害他的那些人留下了强烈的记忆,并且我怀疑他狂喜于他有理由抱怨其对手身上的相同情感,当他们因为不喜欢他的某些教义观点而指责他的罗马天主教的时候,虽然它们与罗马天主教毫无关系。因此他对那些人抱有太多的成见,好像他们是教会戒律
110 的敌人,因为他们在某些教义观点上与加尔文一致,当他们憎恶他的戒律而尊敬教会政府,并以在王国中同样的热忱为它祈祷和平时;一如他们在生活中以及与之相随的痛苦中所表明的。从他一进入这个世界,没有任何伪装或掩饰,他就宣布本人对长老监督会(*Classis*)的观点。并且一旦掌有权力,他就尽其所能阻止那个教派的发展壮大,并制止倾向它的那些人所欲从事的祸害。但他在法庭的权力不足以使他有资格完成那困难的改革,而在教会他有一位握有权柄的长者,依其本人的性情和轻率可能会放松他们,且这个人的暴躁脾气若被激怒的话会更加懈怠。而当他本人大权在握时,国王也被激起了同样的热情,他想若不尽快对那些迅猛发展的弊病采取补救措施的话,应该受到责备。

克拉朗东伯爵海德,《叛乱史》,麦克雷编辑,(1888年)牛津大学,卷1,pp. 120—122。

人文主义的"人物"是国家肖像的文学对应物,圭恰迪尼相当于提香(Titian)。第二个固定套路,战争场面,更像文艺复兴时期的图画[其本身经常被称作"历史"(*istoria*)]。战争场面是文艺复

兴时期最喜爱的主题[乌切洛(Uccello)的《圣罗马诺之战》,皮耶罗·德拉·弗朗切斯卡的《君士坦丁的胜利》],而人文主义的战争画面就像它们一样,通常是一般化的描述,其中的许多描述适于任何战争。通过比较可以说明这一点:圭恰迪尼对福尔诺沃(Fornovo)战役的描述,与瓦萨里对莱奥纳尔多的佚失画作《安吉亚里之战》的描述。他们都述及相同的修辞学主题,关于互相撕咬的战马,这一主题的真实性在两场战争中都不会太大。圭恰迪尼的描述也许受这幅绘画的影响,他可能约在写作前25年看过这幅画。

> 他设计了一队骑兵为军旗作战的场景,这是一幅相当出色的巨作,他酣畅淋漓地表现出战争中人与马的愤怒、狂野及仇恨。图中有两匹马,前腿交缠,相互撕咬着,其激烈程度绝不 111
> 亚于它们那为军旗而战的旗手。有名士兵纵马疾驰,中途突然扭身抓住旗杆,欲将它从4个人手中夺过来。其中两人则死死地护住军旗,试图用剑斩断旗杆,另一个戴着红帽子的老兵一手抓住旗杆,一手握着短弯刀,大声呵斥,威胁要砍断那两个紧咬牙关的旗手的臂膀。①
>
> **瓦萨里,《名人传》,布尔译,(1965年)pp. 207—208。**

> 法国军队度过了一个极为不安的夜晚,因为意大利人不断地将他们的轻骑兵派往他们的帐篷处,这样,频繁的战斗号令萦绕他们的营地,每一次叫喊声都令他们的营地动荡不安。后来,突然大雨倾盆,伴随着令人胆战心惊的电闪雷鸣——似乎是某种可怕灾难的预兆。这比意大利的军队更令法国人害怕,不仅是因为他们被群山和敌人重重包围,在这个地方,如果有任何灾难发生,他们就毫无逃生的希望,他们处于极其艰难的境地,理所当然更加害怕;还因为似乎更有可能的是通常在某

---

① 〔意〕乔尔乔·瓦萨里,《巨人的时代》(上),刘耀春等译,湖北美术出版社,2003年版,第10页。

种盛大场合出现的上天的威胁，瞄准了这个拥有国王的权力和尊严的营地。

第二天早上，7月6号，法国军队在黎明时开始渡河。首先是大部分炮兵，紧随其后的是先锋部队。考虑到这支部队将会首当其冲地面对敌人的进攻，国王将300名法国长矛兵、贾尼亚科波·达·特里布齐奥（Gianiacopo da Tribulzio）和他的100名长矛兵，以及作为这支军队的支柱和希望的3 000名瑞士人列入其中。与他们一起步行的是克利夫斯公爵（Duke of Cleves）的兄弟昂格勒贝（Englebert）以及招募他们的第戎执行官（the Bailli of Dijon），国王给这些人增加了300名步行弓箭兵和相当多的来自他自己卫队的弩骑兵以及曾跟随他的所有剩余的步兵。先锋部队之后是主力军，国王身在其中，他全副武装，骑在一匹精神饱满的战马上。在国王身边以其权威和建议指挥这部分军队的，是法兰西王国一位非常著名的指挥官特
112 雷穆耶侯爵（M. de Trémouille）。其后是由富瓦伯爵（the Comte de Foix）指挥的后卫部队，最后是运输马车。尽管不排斥达成协议，国王在他的军队开始行动那一刻要求阿尔让东（Argenton）去和威尼斯人谈判，但此刻意大利军队已拿起武器，指挥官们已决定战斗，时间太短促且军队距离太近没有为商谈留下余地和机会。轻骑兵已在各面进行小规模战斗，炮兵部队以可怕的威力到处开火，而且意大利人已走出了他们的营地，正在河边部署他们的中队准备战斗。法国人则没有阻止他们的进攻。他们中部分人在河床上，因为他们不能将队伍部署在狭窄的平地上，所以还有部分人在山丘的缓坡上。当先锋部队在敌人阵地的正前方时，曼图亚侯爵（the Marquis of Mantua）紧随法国后卫部队的后面渡河，带着一支由精选的600名重骑兵组成的中队、一支轻骑兵大部队和5 000名步兵，他让已故的乌尔比诺公爵费德里戈（Federigo Duke of Urbino）的亲生儿子安东尼奥·达·蒙泰费尔特罗（Antonio da Montefeltro）留在较远的河岸，带着一支大的中队做好准备，听

从命令随时越河增援第一突击队。他还安排，当他们开始战斗时，另一部分轻骑兵打击敌人的侧翼，其余的轻骑兵在福尔诺沃渡河，攻打法国的运输马车。这些马车没有守卫——暴露于任何一位希望掠夺它们的人的面前——要么由于军队的匮乏，要么（如传言所说）是听从了特里布齐奥的建议。

加亚佐伯爵（the Count of Gaiazzo）带领2 000名步兵和400名重骑兵，其中有唐·阿方索·德斯特（Don Alfonso d'Est）的队伍，这是在他父亲的请求下进入营地的（没有他本人），在另一个地方越过塔罗河，袭击法国的先锋部队，同时让安尼巴莱·本蒂沃利奥（Annibale Bentivoglio）带领200名重骑兵在较远的河岸待命。这里还有两支重骑兵的大队伍以及1 000名步兵保卫营地，因为威尼斯的行政长官希望为他们自己保留一些安全防护措施以防不测。当国王看见如此强大的军队进攻他的后防线时，这与他的指挥官的预期相反，他便掉头带领他的主力部队支援后卫部队。他和一支在前面的战斗中队如此迅捷地行动，以致当进攻开始时，他处在前线的最前沿。有些人记录，由于河岸的高度以及覆盖在激流堤岸上的树 113
木、树根和树枝形成了障碍，侯爵的军队没有顺利地渡河。其他人补充说，由于这些困难以及晚上下雨导致河水上涨，他的步兵推迟到达战场，不是所有的人都越过了河，相当多的人留在河的另一边。无论出于何种原因，可以肯定的是，侯爵的进攻是非常激烈和狂暴的，并遭遇到了同样凶猛与奋勇的反击。中队从四面八方进入战场，陷入一场混战，而没有依据意大利的战争传统，即一个中队对抗另一个中队，当第一个中队被打败或撤退时，另一个中队取而代之，除了作为最后的手段以外，一般不以几个小中队来组成一个大的中队；这才是战斗。为此，战斗通常持续一整天，常常在夜幕降临时结束，战斗中很少人死亡，且不分胜负。

当长矛兵被击破时，很多重骑兵和战马在交锋中摔倒在地，接着，他们开始挥舞凶猛的钉头锤、短剑和其他小型武器。

战马踢、咬与喘息，不亚于人们的搏斗。不可否认，一开始意大利人表现出极佳的勇气，这在很大程度上要归功于侯爵的战斗精神。他绝对是一位非常勇敢的指挥官，跟随他的是由年轻贵族组成的一支勇敢的队伍以及长矛骑兵（*lancie spezzate*）（这些是普通队伍之外常备的精兵），他毫不迟疑地面对所有危险。法国人英勇抵抗这凶猛的进攻，但由于受到一支更强大的军队的猛烈攻击，他们几乎明显地开始退却，从而危及国王。实际上，仅离他几步之遥，波旁（Bourbon）英勇战斗但不幸被俘。现在侯爵希望亲自将国王俘虏，国王陷入与伟大君主不相称的防卫措施的危险境地。侯爵和他的大部队努力靠近查理，国王带领身边几个人表现出超乎寻常的勇气，勇敢地保卫自己免遭侯爵的攻击，由侯爵凶猛的战马发出的攻击更甚于士兵们的帮助。在这样的危险中，国王不乏那些想法，即在困境中恐惧使人想起的那些想法。

114 他看见自己近乎被他的人抛弃，便求助于上天并向圣丹尼和圣马丁——被认为是法兰西王国特别的保护者——许愿，如果他和他的军队安全到达皮埃蒙特（Piedmont），他一返回法国就带着丰厚的礼品去拜访以他们的名字命名的教堂，一座在巴黎附近，另一座在图尔（Tours），且每年他将以隆重的节日和供奉物为他所获得的恩惠作证。当他许下这些愿时，他恢复了力量，开始似乎超越其精力和体质的更勇猛战斗。国王的危险激怒了离他不远的人，他们急忙赶来保护皇家人士，阻挡住意大利人。就在这一时刻，留在后面的队伍赶来了，一个中队猛烈地攻打敌人的侧翼，大大牵制了他们的力量。后来，曼图亚侯爵的叔叔里多尔福·达·贡扎加（Ridolfo da Gonzaga），一位有非凡经验的指挥官——在他们的队伍被打得东跑西窜的时候，他总是能激励并重整他们，承担起一位优秀指挥官的职责——碰巧抬高了他的面罩，被一个法国人的剑刺伤了脸并摔下了马。他自己的人和马纷纷倒在他的身上，他在挤压中窒息而亡，而非被敌人杀死。这肯定不是他应得的结果，因为在前一天的讨论中和那天早晨他认为冒这些不必要的危险是不理智的。与他侄子的愿望相对立，他曾建议，他们应该避免这场战争。

战况摇摆不定，意大利人和法国人都没有获得任何优势，谁会是胜利者，更加无法确定。正因为恐惧和希望同在，所以他们以难以置信的热情作战，每一个人都感觉胜利握在他的手里和他的勇气中。法国人的勇气由国王的参战和危险所激发——因为在古老的风俗中国王的权威如同上帝的名字那样被那个国家尊敬——也被他们的处境所激发，只有胜利才能拯救他们。意大利人被他们贪婪的掠夺、侯爵的凶猛和榜样、在早期战斗中的胜利以及大量的军队所激发，以致他们能期待多方面的帮助。法国人没有这样的希望，因为他们的军队要么都 115
投入到战斗中，要么随时可能被敌人袭击。但是，在所有人类的行为中（正如每个人所知），命运的力量是巨大的——在军事方面比在其他方面更为巨大。不可估量的、巨大的、无限的军事行为，一个命令被误解、一个调遣没有很好地执行、一个草率的移动，甚至来自一位普通士兵一声无用的叫喊，经常给那些看起来要被击败的人们带来胜利；无数意外事件毫无预期地出现，指挥官无法预见和控制它们。因此，在这种不明确的战争状态中，既不是人们的勇气也不是军事的力量获得胜利，而是命运，不要忘记它常有的力量。

被派往攻击法国马车队的轻骑兵（*stradiotti*），开始毫无阻碍地掠夺，忙着将骡子、马及其他装备牵引到河的对岸，此时，本应该去攻打法国人侧翼的另一部分轻骑兵和已进入战斗的军队，看见他们的同伴正满载着战利品返回营地，贪婪心因此被触发，他们转过身来抢劫马车。成群的骑兵和步兵也跟着他们，为着相同的目的而放弃战斗。因此，意大利人不仅缺乏原计划的增援，而且战士的数量由于这种混乱而减少；安东尼奥·达·蒙泰费尔特罗（Antonio da Montefeltro）没有行动，因为在适当的时候调用他是里多尔福·达·贡扎加的工作——

里多尔福已经死了，因此没有人调用他——法国人开始赢得了如此多的战场，而意大利人，眼看着就要失败，唯一的支撑就是侯爵的勇敢。他英勇作战，顶住敌人的攻击，以自身为榜样激励他的士兵，大声鼓励他们宁死不屈，但是以少胜多不再可能。围绕在他们周围的战争越来越复杂，侯爵军队中的伤亡特别多，他们被迫向河对岸撤退。因为晚上下了雨，而且在他们战斗的时候，雨水伴着冰雹和雷声一直下着，河水涨得太高以致过河非常艰难。法国人追赶到河边，以极大的愤怒全力杀戮逃兵，不留俘虏，也不停下来掠夺战利品。频繁的叫喊在战场上回荡："战友们，牢记吉内加特(Guinegate)。"吉内加特是泰鲁阿讷(Thérouanne)附近的皮卡第(Picardy)的一个地方，在路
116 易十一统治的最后几年，法国人在和罗马皇帝马克西米兰安(Maximilian)的一场战斗中几乎要取得胜利，却在掠夺战利品时陷入了混乱，并被迫逃离。

但是，就在那一时刻，当这部分军队正以如此的勇气和凶猛作战时，与贾亚佐伯爵(The Count of Gaiazzo)派遣而来的部分骑兵相对阵的法国先锋部队，以如此可怕的暴力进入战斗，以致意大利人几乎自行陷入混乱，特别是当他们发现没有自己的部队跟在后面时。并且，当他们中的一些人在战斗中丧生后——其中有乔凡尼·皮奇尼诺(Giovanni Piccinino)和加莱亚佐·达·科里吉奥(Galeazzo da Coreggio)——他们便逃回到主力中队。然而，吉埃元帅(The Marshal de Gié)看到除了伯爵的中队以外，在较远的河岸有另一列重骑兵纵队在待命中，他就没有让他的部队去追赶他们。这一决定在后来的讨论中被很多人认为是谨慎的，而更多地从效果而不是原因方面来考虑的另一些人则认为这是懦弱而非谨慎。因为毫无疑问，如果他们追赶，伯爵和他的纵队将会转身逃走，在河对岸的其他所有军队充满了恐惧，几乎不可能阻止他们逃跑。曼图亚侯爵从另一部分军队中逃离出来，和他的部分队伍尽可能地以他能控制的良好秩序渡河，他发现这些军队拥挤在一起，他们都一心想着

保护自己及其物品。从皮亚琴察(Piacenza)到帕尔马(Parma)的主要道路已挤满了向帕尔马撤退的人、马和马车。曼图亚侯爵的存在与权威部分地制止这种骚动,他重组他们并使其有些秩序。皮蒂利亚诺(Pitigliano)伯爵的到来起到了更大作用。因为置身于两方的所有混乱中,他抓住机会逃回到意大利军营中,不断地让士兵们相信敌人正陷入巨大的惊慌和混乱中,来振奋他们的精神。的确,几乎普遍地声称,若是没有他的言词,那么在那一刻或第二天晚上整个军队肯定会落荒而逃。

意大利人现在已撤回到他们的营地,除了那些受混乱和骚动(总是在这些情况发生)影响及害怕高水位河水的人,他们向不同的方向逃跑——其中许多人被分散在郊野的法国人发现并屠杀了。国王于是与他的部队加入了没有离开其阵地的 117
先锋部队,并和他的指挥官们商议,他们是否应该立刻过河去攻打营地中的敌人。特里布齐奥和卡米洛·维泰利(Cammillo Vitelli,当他和几个骑兵跟随国王参加战斗时,他的队伍被派往增援热那亚战役)建议他攻打。弗朗切斯科·塞科(Fancesco Sccco)力主这一进程,他指出远处可以看到的那条道路已挤满了人马——这表明他们正逃向帕尔马,或已开始逃走,现在正返回他们的营地。然而,渡河并不容易。军队要么一直在进行战斗,要么在战场上坚守武器,他们非常疲惫,因此,依照法国指挥官们的建议,他们决定宿营。他们去梅德萨诺(Medesano)村庄的小山上宿营,这里距离他们战斗过的地方不足一英里。他们在那里宿营,没有任何计划和秩序,但有很多的不安,因为他们的许多马车被敌人洗劫了。

这是意大利人和法国人在塔罗河的一场战役,令人难忘的是,它是意大利第一次历经长久杀戮与流血的战争。

圭恰迪尼,《意大利史》,格雷森译,(1964 年)纽约,pp. 239f。

第三个固定套路是演说:在当时最受欢迎,现在却最不易欣赏，当教育不再重视修辞学且历史学家发现这种按传统手法杜撰的演说不可信之时。实际上，演说是历史学家用以解释他所认为的人物动机的相当便捷的文学手法。

意大利人安东尼奥·邦菲尼(Antonio Bonfini，1427－1502)是匈牙利马提亚斯·科维努斯(Matthias Corvinus)的宫廷历史学家，《匈牙利史》的作者，他模仿李维“数十年”。这里有一篇演讲，据称出自他的庇护人的父亲亚诺什·匈雅提(János Hunyadi)之口，即在与土耳其作战之前亚诺什·匈雅提向他的军队所作的演说。对于人文主义史学家来说，战争之始是他们最喜爱将演说插入叙述的地方。

> 我的忠诚的战士和好朋友，如果你们在瓦尔纳的不幸失败中遭受了任何耻辱，那么，现在是你们洗除所有耻辱的时候
> 118 了。现在是恢复你们忠诚与勇敢之名声的时候了，并为自己在这些可恨的土耳其人和不信基督教的伊斯兰教徒手里遭受的冤屈和伤害报仇。如果你们希望展示你们一如既往的勇敢，那么，你们必须知道，我们是正义的一方，虽然我们在数量上比敌人少很多，但是我们会让他感觉到我们在勇猛、士气、慷慨等方面的优势。因为土耳其士兵是为另一个人的利益而战，为一个人的荣华富贵而战，而这个人不会感激他们所付出的努力。即使他们获胜，他们能为他们的一生期待的不过是奴役的生活，以及死后灵魂的丧失，因为他们为世界上最强大和可憎的暴君服务。我的朋友和忠实的同伴，不管好运跟着你们还是抛弃你们，你们正在为我们的王国、为你们妻儿的安全、为我们的神庙和祭坛、为你们的家园而战，也为了死后享受永恒的幸福。这是促使你们如此勇猛作战的原因：你们知道，如果你们没有获胜，那么你们的财产、你们的妻子儿女以及整个王国所发生的事情都是因你们自己的行为。你们心里很明白土耳其军队的长处，也非常清楚我们军队的长处。如同在瓦尔纳的失败中所显示的那样，战争的命运是不确定的。尽管如此，我

> 们尚没有被彻底毁灭。如果土耳其人的巨大损失没有让他丧失追击我们的力量或手段，他不会让我们逃脱的。我必须承认，尽管土耳其人比我们遭受的损失更严重，耻辱却是我们的；由于选择撤退你们，我们为你们的耻辱负责。但是，悲痛有什么用？这次失败表明，上帝很生气，并且为我们的背信弃义复仇，因为所有那些背信的人在那里悲惨地失去生命。然而，在这次战斗中和你们在一起的我们（感谢上帝）仍然活着，为保卫基督教国家而存在，尤其是保卫匈牙利，不因我们的牺牲而遭受土耳其人的狂暴肆虐……
>
> 让我们把匈牙利从恐惧中拯救出来，以便它能享受和平，从此以后在持久的安宁中幸福地生活。我的战友们，你们必须尽全力作战，这是困境的需要，荣誉的要求，也是我们自身利益的忠告。因为不管命运怎样对待我们，我们一定会幸运的。如果我们获胜，我们就赢得了我们国家的安全、和平与幸福，以及我们自己流芳百世的荣耀；如果我们牺牲了，那也是在荣耀的床上与神圣的战争中，我们离开这个世界，以在另一个世
> 界享受更幸福的生活。因此，我的朋友，让我们正确而勇敢地 119
> 去战斗吧，无论我们是胜利还是死亡，子孙后代将会以赞美的方式纪念我们，我们将会赢得不朽的花环和荣耀。
>
> **安东尼奥·邦菲尼，《匈牙利史》，第三个十年（3rd decade），卷7。**

正如他们运用固定套路所显示的那样，文艺复兴时期历史学家们，或至少是他们中的许多人，非常关注文学形式。这种关注扩展到语言，比如，当用古典拉丁语写作时，历史学家们时常为如何处理地名以及诸如大炮之类的现代发明而极其烦恼。莱奥纳多·布鲁尼（Leonardo Bruni）声称，当他想知道是否撰写佛罗伦萨人的历史时，

> 这些绝对笨拙的名字，简直不能翻译成优雅的拉丁语……最强

> 烈地阻止我。

洛伦佐·瓦拉因为他的阿拉贡的费尔迪南德(Ferdinand of Aragon)统治史使用了像"大炮"(bombarda)、"穆斯林"(Mahometani)、"议会制度"(parlamentum)这样的词语,而受到一位人文主义同道的猛烈抨击。

这里再一次看到人文主义者的价值观妨碍了历史真实性:他们伪称现代史一如古代史,尽管瓦拉对于语言的历史意识不允许他这样做。

当威尼斯十人委员会在1516年决定将任命谁为国家历史学家时,他们看起来是基于文学做出决定的。他们略过马里诺·萨努多(Marino Sanudo),一位有学问的人而不是文体家,而青睐安德里亚·纳瓦吉罗(Andrea Navagero),认为他是

> 一位拥有非凡的希腊和拉丁文学知识的人,并且拥有一种风格,因此学者的意见是,在意大利内外他无可匹敌。

鉴于人文主义历史学家们的这些成见,历史的邻近学科被认为是诗歌也就不足为奇了。乔万尼·蓬塔诺(Giovanni Pontano, 1426-1503)在他的对话体《阿克提乌斯》(*Actius*)中阐明这点。他的"诗歌"意指李维风格的史诗;考虑到战争场面和演说在两种体裁中的重要性,这种比较可能不像20世纪读者看起来那样牵强。

> 这两个学科有很多共同之处。它们都论述时空距离遥远
> 120 的事件,它们都描述地区和民族的性质,他们生活在哪里,他们有什么样的礼仪、法律和习俗,以及对美德的赞扬与对恶行的谴责。正因为它们都使用描述形式,所以它们都利用能极大地使诗歌和历史生色的演讲,且它们自夸某处更丰富是来自演讲而不是优秀的作家。除此之外,还有一些突发事故、多种多样及不可预测的事件,以及相反的建议、事情,它们更贴近人

> 们的生活和问题，人们自身意识不到。诗歌的一个重要作用是解释众神的意图和行为，同样，历史解释众神的愤怒，讲述奇迹，告知如何用誓言、祈祷以及向他们表示敬意的比赛来安抚众神，并解释他们的神谕。历史和诗歌都喜欢阐发，喜欢节外生枝，喜欢各种各样的事情，都试图鼓动激情，遵循得体的法则……但历史用语朴素，诗歌则更加丰满……它们的目的完全不同，至少是很大的不同，因为历史的目的应是告诉真相而不是装点它；而诗歌既不满足也不做适于它的事情，除非它从别处收集材料，有时叙述真实的或可能的的事情，有时叙述全然虚构或完全不可信的事情，以令人更加惊叹……两个学科所遵循的顺序上也不相同，因为历史遵循事件本身的顺序，而诗歌常常从中间开始，有时候从结局开始。
>
> 乔万尼·蓬塔诺，《阿克提乌斯》，见于《对话》，普雷维特拉(C. Previtera)编辑，pp. 193—194。

不过，人文主义历史并非只是固定模式问题，历史著述变得更加组织紧密，从“这一年丹麦人来了”形式的编年史走向专论。以著名的人文主义者莱奥纳多·布鲁尼的《佛罗伦萨史》为例，他在描述近代的时候，详细、公允而准确地描述了佛罗伦萨与米兰公爵间的战争。他并没有中断叙述进行分析，但他关于经济因素重要性的观点，或人们进行政治谋划的方式，都得到彻底的表现。无怪乎尤勒曼(B. L. Ullman)无条件地称布鲁尼为“第一位现代历史学家”。

> 博洛尼亚的统治者(乔万尼·本蒂沃利奥)(Giovanni Bentivoglio)支持佛罗伦萨人，却害怕米兰的力量，因此试图保
> 持中立，并拒绝像佛罗伦萨人所希望的那样继续与他们联盟。 121
> 然而，因为卷入了战争以及很多令人焦虑的事情，他不得不请求佛罗伦萨人派骑兵来援助他。为了向世界表明他是站在他们这一边，佛罗伦萨人按照他的请求派遣了骑兵，而且还派去

了他们的将军贝尔纳多内(Bernadone)。因此,博洛尼亚地区的战争不再隐秘,而且本蒂沃利奥的敌人有来自詹加莱亚佐(Giangaleazzo)公开的援助。

在托斯卡纳,战争不是公开的,而米兰大公的权力与日俱增,很明显,他设法攫取一切。看到这些,佛罗伦萨人越来越依赖新当选的皇帝鲁普雷希特(Ruprecht),希望如果他来意大利,米兰的权力将全部或部分消失,因为两者之间有切骨之仇,而且鲁普雷希特已经向城邦和君主们公开宣布,詹加莱亚佐曾试图毒害他。抱着这个希望,佛罗伦萨人最终与鲁普雷希特达成协议,为他来意大利付一大笔钱给他。他们承诺给他2 000弗罗林。所达成的共识是,在他离开家之前会收到这笔钱的一半,余款在他到达意大利并入侵詹加莱亚佐的领土时付给他。鲁普雷希特现在准备去意大利,佛罗伦萨人准备付钱给他;每一方都频繁地派特使到另一方。乔凡尼·迪·比奇(Giovanni di Bicci)被派去支付这笔巨款,他是一个谨慎而诚实的人,在商人间有很好的信誉。他忠实地执行任务,并在威尼斯支付了这笔费用。

传闻在意大利蔓延,大量的军队与新皇帝在莱茵河附近正准备来意大利。每个人都在期待。在米兰有不少的准备——准备战马、筹集资金、守护城镇和城市、密切观察要隘和河流……

佛罗伦萨人为皇帝派去了四位大使,他们是显赫的贵族里纳尔多·詹菲格利亚齐(Rinaldo Gianfigliazzi)、马索·德利·阿尔比齐(Maso degli Albizzi)、菲利波·考西尼(Filippo Corsini)和托马索·萨凯蒂(Tommaso Sacchetti)。他们带上了由摩德纳(Modena)的斯福尔扎(Sforza)和巴尔达萨雷(Baldassare)率领的600名秩序良好的意大利骑兵。他们受到皇帝的热情接待,而当他们开始讨论做什么的时候,他们发现他既不热心也不自信。他说他和佛罗伦萨人都没有强大到足以击败米兰,有必要请求教皇和威尼斯加入他们的联盟。他要

求这么多钱,很明显,他想要做的一切事情都由佛罗伦萨人支付费用,而与他自己无关。当大使们意识到这一点时,他们决 122
定派马索·德利·阿尔比齐和安德里亚·维托里(Andrea Vettori,先前派去皇帝那里的一位特使)回佛罗伦萨说明他们的所见所闻,因为不方便用书面的形式告知。当他们返回并向公民委员会说明情势时,每个人都感到失望。按照要求去做看来是不可能的,而要是皇帝离开了,他们将会处于什么危险之中是很清楚的,因为敌人通过胜利增长了声望和骄傲,必将敢于挑战任何事情。委员会讨论了这个问题后,最终决定尽其所能让皇帝留在意大利……

(然而,皇帝离开了意大利,佛罗伦萨人战败,而且贝尔纳多内被俘,詹加莱亚佐攻克博洛尼亚。)

当佛罗伦萨人听说他们的军队被打败及将军被俘后,他们极度恐惧和担心,而当他们得知博洛尼亚落入敌人手中,他们更加恐惧,认为他们的敌人随时会出现。失去了他们的将军和军队,每个人都陷入了绝望。如果敌人胜利之后加快步伐进一步行动,佛罗伦萨将处于没有任何补救措施的危险之中。但是,不管是源自懒惰还是内部纷争,他们错失了良机。过了许多天之后,敌人还没有到来,市民们逐渐恢复了他们的精神和力量……

当这个城市专心于这些问题时,一个传闻散布开来,詹加莱亚佐已经死了……终于,真相被揭开。詹加莱亚佐在博洛尼亚沦陷后不久就生病了,最后在米兰的一座城堡马里尼亚诺(Marignano)因病去世。起先他的死被隐瞒着,当不可能再隐瞒下去时,公开了消息并且为他举行了一场盛大的葬礼。另据了解,在詹加莱亚佐生病期间,很想和佛罗伦萨人保持和平,并且派特使去威尼斯筹划这件事。他意识到他正让其年幼的儿子们处于极大的危险之中,因此在他死之前急忙讲和。如果他活的时间长一点,就会真的实现和平。他的突然离世带来了非常巨大的变化。曾经几乎失去了所有得救希望的人们现在极端自信，曾经以为自己即将胜利的人们现在失去了任何抵抗的希望。

布鲁尼，《佛罗伦萨人的历史》(*History of the Florntine People*)，(1856—1860 年)，佛罗伦萨，卷 12。

123 也许赶不上傅华萨的生动和率性，但在他们的古典模式中，他们力求客观性。文艺复兴时期历史学家正像文艺复兴时期建筑师和艺术家。

对修辞学固定模式(rhetorical set-pieces)的趣味下降后，这些特性继续受到欣赏，早在马基雅维利及其《佛罗伦萨史》那里，便有抵制这些的端倪。虽然马基雅维利将人物和演讲插入他的叙述，但都很简短。他的“反人文主义”方法在战斗场面中更为明显，在他对安吉亚里之战的描述中，莱奥纳尔多曾经画过这场战争(前文，第 110 页)。正如费利克斯·吉尔伯特(Felix Gilbert)教授所论，马基雅维利“以人文主义历史理论所要求的华丽辞藻”描写战争，而后又用他的评论“只死了一个兵士”有意地破坏这一效果。其实马基雅维利在这里别有用心，他反对雇用雇佣军，且想证明雇用他们是无用的。现代历史学家估计安吉亚里战役中伤亡人数有几百人。这段文字作为人文主义历史的一件仿作依然有效。

(米兰人在雇佣兵将领尼科洛·皮奇尼诺〔Niccolò Piccinino〕的率领下跨越一座桥攻打佛罗伦萨人。)

战斗持续进行了两个小时之久。在这期间，这座桥几度易手，双方各有胜负，但从这条河两岸的情况来看，尼科洛的劣势已很明显：他的军队冲过桥来，佛罗伦萨军队并未被冲散，因为这边地面平坦、调动便利，已疲惫的军队则由生力军接替；但当佛罗伦萨军队冲过桥去时，尼科洛却无法增援他手下那些已饱受折磨的士兵，因为道路两旁的壕沟和土堤妨碍他调动部队；因此，每当他的部队夺占桥梁之后，很快就被对方的生力军打退；但当佛罗伦萨军队占领桥梁、冲过桥来继续沿大

> 路前进时，尼科洛则无法增援他的军队；这一来是因为敌军进攻猛烈，另一方面也是因为地形不利，使他的军队前锋与后卫纠结在一起，乱作一团，结果只好被迫逃跑，全速奔向博尔戈(Borgo)……任何在敌人的地区进行的战争从来也没有像这次这样使进攻者只受这么小的损失，在这次这么大的失败中，虽说战斗曾进行了四个小时之久，却只死了一个兵士；但他并 124
> 非死于敌人的刀枪之下，也不是由于他曾进行过什么英勇而光荣的战斗，而只因从马上跌下来，被人们踩死。那时打仗，交战双方的人简直没有什么生命危险，差不多人人都骑在马上，个个穿着护身铠甲，还可以随时用投降的办法保全性命，几乎没有冒生命危险的必要，打的时候有盔甲护身，实在抵抗不过时就投降保命。①
>
> 马基雅维利，《佛罗伦萨史》，卷 5，第 33 章。

到了《皇帝查理五世时代政治、宗教实录》(*Commentaries*)的作者约翰·斯莱登(Johann Sleidan，1506－1556)的时代，反对人文主义历史过于文学化演变成了一场运动。可以方便地将这一运动称为"实用主义"历史，因为它的追随者希望记录有用的事情，并因此之故而打破了辞藻华丽的修辞学传统。如同人文主义历史学家，他们也回溯到古典时代寻找范本，但是回到波利比奥斯，而非李维；因为波利比奥斯嘲笑杜撰演说的历史学家，称他们为悲剧作家而非历史学家；他也希望历史有用——语用学(*pragmatikos*)。斯莱登希望成为宗教改革时期的波利比奥斯，他的页面不是充满演说，而是充满文献资料。他的目标是尽可能地客观(预示了兰克的名言)：

> 直接地、朴素地、忠实地叙述事实，正如事情实际发生的那样(*prout quaeque res acta fuit*)。

① 〔意〕尼科洛·马基雅维利，《佛罗伦萨史》，李活译，商务印书馆，1982 年版，第 285—286 页。

很难通过一个简短的摘录来呈现这本书的印象，它从消极（没有修辞，不带偏见）方面产生了影响。这里是斯莱登关于宗教改革起源的描述：

> 此时，奥古斯丁修会（Augustinian order）的马丁·路德在萨克森州易北河边的一个小镇维滕伯格。他为传教士关于救赎券的书籍和布道深感不安，并且看到人们信其所言，他就开始提醒买主要慎重，不要以如此高的价格购买这些商品，因为他们的钱有更好的用途。这发生在1517年。为了使他的劳动富有成效，十月底，他写信给勃兰登堡的阿尔伯特（Albert of Brandenberg），美因茨的大主教，让他明白赎罪券的传教士们在教导什么。他抱怨人们坚定地相信，如果一个人购买了这些
> 125 赦免状就能获救赎，这些赎罪券能抵消任何巨大的罪孽，且一旦将钱扔进募捐箱，灵魂就脱离炼狱飞升天堂。路德还声称基督要求传福音，主教的职责就是教导人们。他担心如果不压制他们，某些大的冲突（*dissidium*）可能会发生，所以，他提醒大主教他的职责，并恳求他利用他的权威禁止这些印刷的书籍，命令传教士教导不同的东西。他写信给上述大主教的原因是因为他是马格德堡的主教，他应该为这些事件负责。随同这些信件，路德给他寄去了不久前在维滕伯格发表的95条论纲，其目的是为了举行一场论辩。在这些论题中，他详细地讨论涤罪、真正的悔悟、慈善机构的职责和赎罪券，并抨击了前面提到的传教士的荒谬布道。据说他这样做只是为了发现真理，他邀请了所有对辩论感兴趣的人，并请求那些没有时间亲自前来的人以通信的方式发表自己的意见。他宣称他并不想要确认任何结论，而只是提交神圣教会来裁决。然而，他宣称他不会接受圣托马斯·阿奎那的著作以及其他类似著作，除非他们同意圣经及早期基督教神父们的观点。
>
> **约翰·斯莱登，《皇帝查理五世时代政治、宗教实录》，（1555年），斯特拉斯堡，卷I。**

最伟大的实用派历史学家可能要算修士保罗·萨尔皮(前文，第 89 页)，最伟大的作品就是他的《特伦特公会议史》(1619 年)。而他的历史态度在关于乌斯科人(Uskoks，来自巴尔干半岛地区土耳其的基督教流亡者，成为了亚得里亚海海盗)的著作中表现得更为明显。他从有用性的角度证明了选取如此“卑微”主题的合理性，这样就打破了人文主义者有关维护历史尊严的法则。

> 对于其目的是为后人记录过往事件的历史学家们来说，从
> 中选择最重要的和最值得记忆的事情，且常常用几句话论述几
> 十年间发生的所有事情，是恰当的。因为人的大脑有限且容量
> 较小；读者将会被大量的事实弄糊涂，而一无所得。历史学家 126
> 们所写的那些人(其行为构成故事的主题)距离人们是那样的
> 遥远，以致他们对那些人既感觉不到爱也感觉不到恨。因此，
> 为不令读者厌烦，他们可以选取一件真实的事情而略去他们认
> 为最佳者，根据何者最适合赞扬或责备他人的目标。我不打算
> 以这种方式写作，因为我的目的是向当代读者讲述由乌斯科克
> 人傲慢无礼的行为挑起战争的原因和动机，而将后人置之度
> 外。这本著作将会遇到很多读者，他们已选择站边，认为即使
> 省略了一件很小的事实也不公平，那个事实也许可以支持他
> 们；还有的读者是中立的，阅读这本书以便自己对哪一方是正
> 确的做出判定，他们想要的是对所有细节进行精确而琐细的阐
> 述，因为正如律师所言，环境中任何细微的差别都足以改变整
> 个案件。如果只有这样他们才能知道为哪一方祈祷，我希望我
> 的这本著作被眼下每个人阅读，只要困惑还存在，但愿这样他
> 们知道为哪方祈祷。我不会建议任何人在满足其神性威严而
> 结束所有困扰后去阅读它，因为，尽管我一直极其细致地呈现
> 一个真实和真诚的故事，并且不做任何评价，读者还是会发现
> 在其他方面没有遵循历史的法则，且会认为所叙述的大部分事
> 件应默然跳过，因为是一个如此卑微的主题。如果碰巧这本书
> 落入一位读者的手中，他有足够的好奇心浏览它，但对故事的

> 细节和长度感到厌烦,我请求他原谅。因为我的目标不是他的快乐或收益,而是需要了解每个细节的那些人的快乐和收益。由于思考这些事件,每个人将会坚信,如果人们行为粗鲁地对待邻居,必然会导致战争,不仅是因为谨慎的受害者对受害感到厌烦,而且是因为侵略者对没有遭遇到抵抗感到厌烦。
>
> 萨尔皮,《乌斯科克史附录》(*Supplement to the History of the Uskoks*),(1613 年),G. 科奇和 L. 科奇(G. and L. Cozzi)编辑,(1965 年)巴里,pp. 73—74。

另一位实用主义历史学家是萨尔皮的同时代人威廉·卡姆登,
127 他的古学研究已讨论过(前文,第 31 页)。卡姆登是一个谨慎的人,他从未公开拒斥布鲁图斯的神话,尽管他明显不信。同样地,他也从未完全拒斥人文主义历史,而在实践中远离它。他在《伊丽莎白女王编年史》(*Annals of Queen Elizabeth*,1615 年)前言中声称要略去演说,且(如同波利比奥斯)认为解释是历史学家的伟大职责。与此同时,他拒绝寻找隐藏的动机("君主们不可探究的意图")并要维护历史的尊严("贯穿最杰出的行为,而不详述低微的行为")。作为官方历史学家,他小心谨慎地不过分追求真实。

> 伯利勋爵威廉·塞西尔(William Cecil),英格兰财政大臣(约任 16 年),首先向我(远非我所想)展示了他本人情况的一些历史记录,随后是王国的历史记录;有意让我编纂一部伊丽莎白女王当政以来的历史……我百般思考国王和贵族等人物角色、信件、在会议桌上举行的磋商;我浏览了大使们的指示和信件,以及议会记录和议事录、法令和法规,仔细阅读了所有的公告……我看到、观察到很多,以及从年长者那里得到的,值得相信,(他们是这些在实施时的亲历者,并致力于宗教分裂双方的研究)并接受它们……研究事实,是将我推向工作的唯一动力;因此它是我唯一的研究范围。贬低历史无异于摘掉一位美人的眼睛;对于有疗效的药剂而言,是为读者的理解

> 奉上毒药……清楚明了的事情，我没有隐瞒；未确定的事情，我温和地解释；更晦涩难懂的事情，我没有过分钻研；君主们不可测的意图（说的历史上的君主）与他们不可理喻状态下所伪称的事情，不适于调查，而令人生疑的事情，没有探究。和哈利卡纳苏（Halicarnasseus）一起，我有理由生无知批评者的气，他们到处了解或打探超出合理范围之外的事情。至于其他方面，尽管我知道军事和政治是一位历史学家的合适主题，而我既不能也不应该忽略教会事务（因为宗教和政策之间没有分离）。但看到教会史作家可能合法地挑战适合于他自身的那些事，我也没有涉及它们，除偶有接触外。鉴于历史学家的法则 128 和尊严是要贯穿最杰出的行为，而非详述细微事。因此，我没有过多着墨……我没有省略任何的环境描写，据其不仅可知各种情势下的事件，还知道它们的因由；波利比奥斯的著述让我非常满意。要是你从历史中取出为什么、怎么样、达到什么目的、做了什么以及行动是否符合意图等，那剩下的只是嘲弄而非教导，而这可能使当代满意，但永远不会有益于后人……我没有插入演说词，但有真正的讲话；或简短的三言两语。我没有任何的虚构。我很少使用句子（格言），也不以希腊人恰当称为回合停顿（*epistaseis*）的那些言词来美化我的论述，我意在不知不觉地教导读者。我避开题外话；我使用正式的词语，我没有忽视地点、谱系或年表的描述，并尽可能地遵循时代顺序。
>
> 威廉·卡姆登，《伊丽莎白女王编年史》（1615年）。前言。亚伯拉罕·达西（Abraham Darcy）译；现代拼写和标点，并修改了印刷错误。

实用主义历史与历史叙述的艺术最后一个事例是雅克·奥古斯特·德·图（Jacques Auguste de Thou，1553－1617），他是伟大学者卡素朋的朋友，与卡姆登和萨尔皮相当。他最著名的作品《当代史》（*History of His Own Time*）涵盖了欧洲1546—1607年间的历史。像萨尔皮那样,他的历史方法倾向于将宗教动机变为政治动机,实际上他本人是亨利四世即位前的“政客”和顾问。与戴维拉相似,他把宗教战争归咎于吉斯人(the Guises)而不是新教徒。在下面的引文中,他基本上从政治角度来(与斯莱登相似)看待查理五世与路德教派君王间的战争。与帕基耶和培根一样,他对文化史有兴趣,如他在叙述中插入了龙萨(Ronsard)的讣闻。下面文字是他对查理五世于1547年在穆尔堡(Mühlberg)战胜萨克森的约翰·弗里德里希(Johann Friedrich)的评论。

> 这就是今年德国战争的结论,它是自罗马帝国解体以来,在我们这个时代或我们的前代那个国家最值得纪念的事情;而且我不应该真的谴责那些将结局归因于皇帝的勇猛和审慎的
> 129 人。他的敌人也无法否认,在因戈尔施塔特(Ingolstadt)前方的营地上,他极大地证明了英勇无畏的精神;在那里他被同盟国的众多生力军包围并且差点被打败,然而他不仅没有显露出一丝恐惧的迹象,而且煞费苦心地加固营地,用庄严的演说与自己的榜样鼓舞士兵。面对更大更紧迫的危险,他乐于与士兵们一起来克服,让自己成为他们成就的见证人和领导者。当他们举行会议商讨分散军队并进入冬季营房时,他在非常寒冷的冬天赤身露体与士兵一起躺在野地里,从而为士兵树立了适于军人的坚韧榜样,这是他高贵勇气的一个实例。而他同样审慎的一个实例是,他以如此的方式组建一支远征队多年,以致它准备对抗的敌人长时间里都没有一点怀疑;而且,利用希望吸引一部分人到他的团体中,利用恐惧将另一部分人拉进他的团体,最后煽动德国人彼此对抗,通过相互屠杀促其自我毁灭。除这些事外,还有勃兰登堡王室君主阿尔伯特和约翰(Albert and John of the house of Brandenburg)与黑森伯爵(Landgrave of Hesse)间的私仇,莫里斯(Maurice)公爵的野心以及由此而生的对约翰·弗里德里希的隐秘敌意;皇帝以其惊人的技巧和心机让所有这些为己所用,并利用他们盲目的热情,使他们很快

忽略了所宣称的宗教利益和德国的自由；让他们以本用来捍卫国家的武器彼此对抗，从而为外国军队入侵和征服打开了方便之门。对同盟者事务作出真实的判断，他决定先避免交战而不是参与战争，这算不上其政策的杰作。他从那种同盟与联合的性质非常正确地推断出，如此多且政府形式如此不同的城市和君主之间，不可能有一个持久的协议；他还预见到，领导者的权力和权威相等的地方，在适当时刻难能采取、隐藏或执行有效的措施。当联盟的主要军队驻扎城市里，它们出钱供养士兵，支持战争，他知道公民的脾气会因所有的延期而变得不耐 130
烦。而如果战争持续时间较长，他们立即将任何情况的迟缓（这通常是必要的）归罪于将军们的野心或狡诈。最后，对战争日益增长的厌倦会拒绝他们的配额并退出联盟。

德·图，《当代史》(*History of His Own Time*)，(1604年)，贝纳德·威尔逊(Benard Wilson)译，略有改动，(1729年)伦敦，pp. 199—200。

131 第六章　古典时期与基督教初期的历史思想

文艺复兴时期历史学家视他们自己为回归古代的著史方法，是现代的李维或萨卢斯特(Sallust)，但是这样吗？希腊人和罗马人有本书所定义的历史意识吗？

1　历史的叙述

毫无疑问，就文学形式而言，文艺复兴时期历史学家不同于中世纪历史学家，是因为他们效法古人。人文主义历史的固定模式有着自己的参照物或范本，即修昔底德(Thucydides，前460—前399)、李维(公元前59—公元17)及其他历史学家的著作。在人物和演说方面都是如此。

李维的汉尼拔是一位著名的人物，圭恰迪尼似乎为了他的亚历山大而从这一人物中借鉴了一些特征(前文，第108页)。

> 汉尼拔被派往西班牙，他一来到这里就赢得了整个军队的支持。年老士兵认为如同年轻的哈米尔卡(Hamilcar)又回到他们之中；他们看到了同样生动的表情和锐利的眼光，同样的脸庞和面容。但他很快使之成为事实，他与父亲相像是他获得的支持中最少考虑的因素。同一本性难以适应最多样化的事情——服从和命令。因此，难以断定他是更受将军还是军队的热爱。当任何需冒险的或困难的事情需要做时，再没有哈斯德鲁巴(Hasdrubal)更愿意托付之人，也没有任何其他领导者能

> 激发战士更大的信心或勇气。当他置身其中时，他将至高的判断力与导致危险的匹夫之勇结合了起来。没有什么劳苦可以 132
> 使他的身体疲乏或精神颓丧。酷热也好，严寒也好，他都能忍受。他所消耗的饮食出于本能欲望，而非口腹之乐。他醒来睡去的时间不以昼夜来划分：工作之余暇，用于睡眠，不需要柔软的睡床或安静的环境，而是多次见他裹着普通士兵的斗篷，与哨兵一起躺在地上。他的衣服决不优于其同伴，而他的武器和战马却是出色的。无论在骑兵还是步兵里，战斗开始后，他总是第一个投入战斗，最后一个退出战场。与这些令人钦佩的品质同等的是他的恶习：他的残忍毫无人性，他比布匿人(Punic)更加背信弃义；他对真理和神圣毫无尊重，对神和誓言缺乏敬畏，没有宗教方面的顾虑。以这种天赋的善恶品性，他在哈斯德鲁巴手下任职三年之久，不可忽视的是，人们应当看到谁将成为一位伟大的指挥官。
>
> 李维，XXI. 4，福斯特(B. O. Foster)译，洛布(Loeb)版，(1957 年)伦敦和马萨诸塞州剑桥，pp. 9—13。

修昔底德是历史演说的大师之一，即使他认为它们所表达的是每个情境的需要，他总是附带地说明实际的话语是他本人的杜撰，而他的文艺复兴时期的效仿者通常不这样做，可与我从邦菲尼(前文，第 117 页)那里选取的另一战斗情境的演说作比。演说在叙述中的作用是鼓舞士气，同时向读者表明情况的危急以及领导者的动机。这里的演说者是雅典海军部队指挥官弗尔米奥(Phormio)，他将去与伯罗奔尼撒人(Peloponnesians)作战。

> 士兵们！我看见你们因为敌人人数众多而惊慌了；我召集这个会议，因为我不希望你们在没有什么值得可怕的时候感到恐惧。首先，他们之所以配备这么多的船舰，而不是以平等的条件来和我们会战，是因为他们已经被我们打败了一次，就是他们自己也承认他们不是我们的敌手。在他们对抗我们的时

> 133 候，他们所最自信的是自以为只有他们自己是勇敢的，但是这种聊以自慰的信心只是根据他们陆战的经验得来的；由于陆战的经验，他们取得了许多胜利。他们以为他们这种经验，在海上也是同样地有用的；但是，在这方面，如果他们的论点还有一点理由的话，优势一定是在我们这方面。当然，他们不会比我们更勇敢些；至于自信心，我们和他们都有；而在海上，我们有更多的经验……当一方面人数比较多，和现在我们敌人的情况一样的时候，它的进攻靠它的武力，而不靠它的毅力。但是如果另一方面，在物质资源上比较弱得多，在没有必要的时候接受挑战的话，那么，这方面一定依靠心中有很大的毅力。这就是我们的敌人所估计的；我们出乎他们意料之外的行动使他们吃惊，更甚于我们在平等条件之下和他们会战的时候。过去也曾经有过人数众多的军队被人数少的军队打败，有时是因为缺少技术的原故，有时是因为缺少勇气的原故。这两种品质，我们都不缺少。
>
> 至于这次战役，如果我能够控制的话，我不会在海湾中作战，也不会航进海湾里面去。我完全认识到，海上面积的狭窄，对于船舰少、经验多、航行迅速的舰队和许多管理得很差的船舰作战是不利的。如果一条船舰对于前面的敌舰没有一个远距离的观察的话，它不可能适当地驶上去，以撞击的方式向敌舰进攻；当它自己受到窘迫时，也不能及时退却；同时也不可能航行冲破敌人的战线，然后再回转来向敌舰撞击——这些都是航海技术比较优越的舰队所要采取的正当战术。[①]
>
> 修昔底德，卷2，沃纳(R. Warner)译，(1954年)伦敦，p. 151。

读者会注意到这个演说与邦菲尼著作中演说的一个重要区别，修昔底德没有让他的将军囿于道德劝诫，而是让他讨论战术细节。

① 〔古希腊〕修昔底德，《伯罗奔尼撒战争史》(上册)，谢德风译，商务印书馆，1960年版，第169—170页。

不过，修昔底德有军事经验，而邦菲尼没有。

此外，历史的尊严这一思想也并非文艺复兴时期的发明，它可
见于罗马作家如塔西佗（约公元 55—120）那里。罗纳德·塞姆爵
士（Sir Ronald Syme）指出塔西佗如何抑制他认为不体面的细节，像
苏尔皮基乌斯·加尔巴（Sulpicius Galba）是个秃头或者维特里乌斯
（Vitellius）死亡时的周围环境这些事实。而苏维托尼乌斯
（Suetonius）没有这样的顾虑。由是，苏维托尼乌斯描述维特里乌
斯有糕点厨师相随；塔西佗则描述为“他的最卑贱奴隶”。苏维托 134
尼乌斯描述维特里乌斯躲在门房里；塔西佗则描写为“不适宜的藏
身之处”。苏维托尼乌斯说人们称维特里乌斯为“贪吃的家伙”；塔
西佗仅仅提到“无礼”。

如果说人文主义历史的文学形式归功于古人的话，实用主义者的反对也是如此。卡姆登在他的《编年史》（前文，第 127 页）前言中声称他的目标是仿效波利比奥斯。波利比奥斯对陶尔米纳的提麦奥斯（Timaeus of Tauromenium）的抨击是他的新型历史的宣言，略去了演说而加入解释。

> 为了说服那些一直希望捍卫提麦奥斯的人们，我或许可以讨论他的方法，特别是他的著作中的演说和训词……他既没有准确地记录演讲的内容，也没有准确地记录演讲的方式；相反，他以他认为该说的作为范式，然后以人们在修辞学校讨论固定主题的方式，详述已发表的演说与相应的环境，似乎是正在展示他的雄辩能力，而不是记述实际所说的内容……
>
> 历史的特殊功效，首先在于尽其所能确定实说的言辞，其次是发现言行成败的因由；若只是叙述事件的单纯事实，也许可以提供阅读的愉悦，而不能真正地有所助益。若是适时地增加事件的起因，历史研究就会有成效。
>
> 波利比奥斯，《历史》，卷 12，25，钱伯斯（M. Chambers）译，（1966 年）纽约，pp. 279—283。

也许还应当补充这点，波利比奥斯认为应当由有军事经验的人写军事史，有政治经验的人写政治史。这个标准会将卡姆登完全排除在《编年史》的写作之外，因为他是校长和古文物研究者。

2 历史的解释

从波利比奥斯的最后一段文字中还可以看出，在古代世界对历
135 史解释也有着强烈的兴趣。马基雅维利和圭恰迪尼在讨论命运(*Fortuna*)的影响力之际，一定想起了波利比奥斯，及其对命运女神(*Tyche*)力量的相应论述。修昔底德受希波克拉底医学的影响，认为历史学家类似于医生，能够提供诊断结论。他的历史中最著名片段之一就是对那些症状的描述，革命的原因与后果；有一段很可以与他的译者托马斯·霍布斯(前文，第 95 页)对英国内战的分析作比。

> 在和平与繁荣的时候，城邦和个人一样地遵守比较高尚的标准，因为他们没有为形势所迫而不得不去做那些他们不愿意去做的事。但是战争是一个严厉的教师；战争使他们不易得到他们的日常需要，因此使大多数人的心志降低到他们实际环境的水平之下。
>
> 这样，一个城市接着一个城市爆发了革命；在那些革命发生较迟的地方，因为知道了别处以前所发生的事情，引起许多革命热忱的新的暴行，表现于夺取政权方法上的处心积虑和前所未闻的残酷报复上。为了适合事物的改变，常用辞句的意义也必须改变了。过去被看作是不瞻前顾后的侵略行为，现在被看作是党派对于它的成员所要求的勇敢；考虑将来而等待时机，被看作是懦夫的别名：中庸思想只是软弱的外衣；从各方面了解一个问题的能力，就是表示他完全不适于行动……由于贪欲和个人野心所引起的统治欲是所有这些罪恶产生的原因。一旦党派斗争爆发的时候，激烈的疯狂情绪发生作用，这也是

> 原因之一。[①]
>
> 修昔底德，卷 3，沃纳译，(1954 年)伦敦，p. 208。

在罗马作家中，塔西佗也许对解释最有兴趣。早在他的《历史》中，他声称不仅要展现发生了什么(事件，*casus*，*eventus*)，还要解释为何发生(原因，*ratio*，*causae*)。如同修昔底德，他对于集体的心理状态以及隐藏于公务面具之下的真实动机感兴趣。马基雅维利和圭恰迪尼，萨尔皮和达维拉，克拉朗东和霍布斯，尽管非常伟大，在历史解释方面从未超过古典大师们。

文艺复兴时期流行的历史循环解释也有其古典的相似物和源头，如波利比奥斯就信奉循环论。 136

> 在他们开始着手第二次布匿战争(the Hannibalic war)期间，迦太基人的政体变得更糟了，而罗马变得更好。每一个身体、每一种政体乃至每一项事业，都有着自然的生长过程，继之达到巅峰状态，随后走向衰落。
>
> 波利比奥斯，卷 6，p. 51，钱伯斯译，(1966 年)纽约，p. 260。

在罗马时代，斯多葛学派哲学家也信奉循环历史观，至少在一些情况下，完全重复——完全相同的人和事反复出现。基督教会教父奥利金(Origen，186－253)曾著述反驳塞尔苏斯(Celsum)，他把这种历史观归因于塞尔苏斯，并进行抨击。

> 如果这是真的，自由意志将被摧毁。因为如果"不可避免的是，在人类生命的时期，相同的事情总是根据既定的周期已经发生、正在发生且将会发生"，那么，显然不可避免的是，苏格拉底(Socrates)将永远是一位哲学家，且被指控犯有引进新

---

① 〔古希腊〕修昔底德，《伯罗奔尼撒战争史》(上册)，谢德风译，商务印书馆，1960 年版，第 237—238 页。

神和腐蚀青年之罪;阿尼图斯(Anytus)和迈雷图斯(Meletus)将永远指控他,并且阿勒奥珀格斯山(Areopagus)上的最高法庭委员会将投票赞成判定他饮毒堇汁而亡的死刑……对塞尔苏斯(Celsus)的这种假设的答复将是……根据既定周期不可避免的是,摩西将永远带领犹太人走出埃及;耶稣将再次降临人世,并根据周期做他已做过的同样事情,不是一次,而是无穷多次。而且,在既定周期中同样的人们将是基督徒,此外,塞尔苏斯将撰写他的著作,尽管此前他已写过无数次。

奥利金,《驳塞尔苏斯》(*Against Celsus*),IV. 67,查德威克(H. Chadwick)译,(1953 年)剑桥。

3 历史的证据

波利比奥斯对提麦奥斯的抨击,以及修昔底德为杜撰演说词而致歉都是一些提示,如果这些提示有必要的话,则至少有些古代历
137 史学家强烈地意识到应当根据可靠的证据来论述。希腊历史批评方面的有趣事例,有希罗多德将荷马史诗当作特洛伊战争的历史材料来处理。希罗多德(Herodotus,约前 485—前 425)在孟菲斯的时候,参观了外邦人阿芙罗狄忒(Aphrodite the Stranger)神庙并询问那里的祭司有关特洛伊的海伦(Helen of Troy)的事迹。他们告诉他帕里斯(Paris)和海伦访问过孟菲斯(Memphis),当时在某位普罗特斯(Proteus)的统治下。然后希罗多德将特洛伊故事的不同版本加以比较,并依其内在的合理性进行批评。

这是我从祭司们那里获得的关于海伦到达普罗特斯宫廷的记述。我认为荷马也熟知这个故事,因为尽管他因为这个故事比他实际采用的不适合于史诗而拒绝它,但他留下迹象表明他并非不熟悉这个故事……我问祭司在特洛伊发生的希腊故事是否有任何真实性,他们给我一些信息,并声称这些信息是直接从斯巴达王梅内莱厄斯(Menelaus)本人那里获得的。信

> 息是这样的，海伦被诱拐后，希腊人派出一支强有力的军队前
> 往特洛亚特（Troad）支持斯巴达王的事业，当这些人一登陆并
> 在特洛伊的领土上安顿下来，大使们（其中有一位是斯巴达王
> 的大使）就被派往特洛伊。他们被迎进城里，要求归还海伦和
> 被帕里斯一起偷走的珍宝，及赔偿他们所受的伤害。然而，特
> 洛伊人给他们的回答（之后他们一直坚持这个回答，有时甚至
> 发誓肯定它的真实性）是这样的：海伦和珍宝都不在他们的手
> 里，而在埃及，并且，试图强迫他们为被埃及国王普罗特斯扣
> 留的财产进行赔偿是不公正的。希腊人认为这只不过是一个
> 无聊的回答，便围攻特洛伊城，直到它沦陷。但是没有找到海
> 伦，而且，他们一直被告知同样的故事，直到最后他们相信它，
> 并将斯巴达王送往埃及去拜访普罗特斯。斯巴达王溯河而上
> 到达了孟菲斯。当他讲述了所发生的一切事情之后，他得到最
> 热情的款待，而且，海伦（没有受到冒险经历的影响）和他的其
> 余所有财产都归还给了他……这就是埃及祭司给我的有关海
> 伦的故事的版本，我倾向于接受它是基于以下理由。如果海伦
> 真的在特洛伊，不管帕里斯是否同意，她应该已经移交给了希
> 腊人；因为我不能相信普里阿摩斯（Priam）或他的任何其他亲 138
> 族会疯狂到愿意拿他自己和他的孩子们的生命以及城邦的安
> 全去冒险，只是为了让帕里斯继续做海伦的丈夫。
>
> 希罗多德，卷2，塞林科特（A. de Sélincourt）英译，（1954年）伦敦，pp. 144—146。

将这段文字与修昔底德的历史开篇作比较很有趣。修昔底德也论述过同样的源头，荷马；同时也进行了批评；但他针对具体数目与后勤问题提出疑问。他认为阿伽门农（Agamemnon）的军队不如他本人那个时代的军力强大，并解释是因为缺乏金钱，缺乏供给。他还对荷马笔下的人物提出质疑，“因为他是一位诗人，很可能有夸张的成分”。

最后，值得一提的是古典晚期新柏拉图主义者波菲利

(Porphyry,233－304?)将《圣经》当作历史文献,并对照其他源头来校订其内容,如比布鲁斯的腓罗(Philo of Byblos)的。

4 时序意识

古希腊人和罗马人缺乏时序意识吗?惯常的观点认为是这样的;从这一方面看来,文艺复兴时期的历史意识是一种新事物。希腊人相信只有不变的事物才是可知的。他们相信人类的本性总是相同的,过去在不断地重复。这就是修昔底德和波利比奥斯研究过去的价值,这意味着他们更接近我们所谓的社会科学而非我们所称的历史。他们不是从不同的时代、每个时代有其不同的特征方面来看待历史。诗人赫西奥德(Hesiod,公元前 7 世纪)确实谈到人类的四个时期——金、银、铜、铁四个时期,而有意义的是他为每个时期使用了“种族”(*genos*)一词,并表明是宙斯分别创造他们,而非他们彼此发展出来。尽管将从青铜时代到铁器时代的过渡思想看作正确反映了史前事实的口头传统很吸引人,而在这一语境中有意义的是,赫西奥德没有从“发展”的角度看待这种过渡的概念。此外,埃斯库罗斯(Aeschylus,前 525—前 456)在他的戏剧《普罗米
139 修斯》(*Prometheus*)中表明,在他的主人公之前的时代,人类没有建筑,没有船舶,没有医药等,但这是解释性神话而非历史,这里没有发展的意识。希罗多德更是个例外,他写道:

> 如果我可以这么说,只是到了前天,希腊人才了解不同神祇的起源和形式。

并且指出希腊众神的名字源自埃及。那么,波利多尔·弗吉尔在著述宗教史(前文,第 39 页)时大量取材于希罗多德也就不足为奇了。希罗多德意识到宗教有历史,但这种意识在他那个时代非常少见。

只是到了古典晚期才有类似于文艺复兴时期的时序意识。希腊化后期的美术(如公元前 2 世纪末的雅典美术)是拟古的,模仿

古典风格，正如文艺复兴时期的美术。一些伟大的罗马作家表现出对遥远过去的兴趣以及变化或发展的意识。瓦罗（Varro，前116—前27）是一个典范，他撰写了一部书，除了一些片段外，现已失传，名为《神俗古事全书》（*Divine and Human Antiquities*）。圣奥古斯丁在他的《上帝之城》里描述了该书，谈到瓦罗论述了祭司、神殿、节日和仪式的历史。显而易见，这与波利多尔·弗吉尔或比翁多的著作相似。瓦罗可被看作是第一位古物研究者，因为他具有古物研究的主要思想，即“通过系统收集过去的所有遗物来复原文明的理想”[莫米利亚诺（Momigliano）]，这一思想在中世纪期间消失了，而在文艺复兴时期又得以恢复。瓦罗还对年代学有兴趣，他确定了同时代人就罗马建立年代所达成的一致意见，以此作为推算其他年代的基础。

西塞罗（公元前106—前43）也具有随时间而发展的意识。他认为某些词语已过时（*obsoletus*），他论述了雄辩术的出现与成熟，开始于希腊，但要晚于其他的艺术形式，然后传至罗马，在那里演说家经过一段时间才达到希腊的水平。这一关于讲演术的论述对于瓦萨里描述文艺复兴艺术的进步很有帮助。

卢克莱修（Lucretius，约前94—前55）的长诗《物性论》（*On the Nature of Things*）非常生动地唤起了对原始人生活的回忆，是罗马人历史意识的绝佳证明。它正是依照赫西奥德和埃斯库罗斯的传统，但将诸神略去，而留下了随着时间推移历史不断演进的思想。

> 那时候陆地上人比今天的人是结实得多，
> 因为生长他们的是一个更结实的大地。
> 在体内他们是由更大更坚实的骨骼构成，
> 在肉体里面和粗壮的肌肉结合着。
> 他们不容易受不习惯的食物
> 或寒热或身体的疾病所伤害。
> 在天空中绕行的太阳又经过了几十年，
> 人们却还过着一种像野兽那样到处漫游的生活。

那时候没有壮健的人驶着弯曲的犁，
也没有人知道用铁器去耕作田地，
或把树苗种植在泥土里，
或用弯曲的刀从高高的树木上砍下旧枝……
他们当时还不懂得在生活中利用火，
也不懂得利用毛皮，不懂得
用所猎得的兽的皮来遮蔽身体。
当他们被迫逃避风的鞭挞和雨的袭击时，
他们缩做一团躲在树林里和山洞里，
把他们污秽的身体在树丛间藏起来。
他们也不能够注意共同福利，
他们也不懂得采用共同的道德和法律。
每个人都被教训只为自己去自立生活和奋斗，
自己拿走运气给他带来的礼物……
随着时间的推移，
人们开始建造茅舍、使用皮毛和火。
男人和女人学会共同生活，稳定地结合在一起
并共同照管他们的后代。这时候，人们就
开始变得温和。火的利用使他们瑟索的身体变得
再也不是那么能忍受露天的寒冷；
维纳斯也消耗了他们身体的精力；
孩子们又以讨人喜爱的样子摧毁了
父母的高傲性情；也是在那时候
邻居们开始结成朋友，大家全都
愿意不再损害别人也不受人的损害……
渐渐地，那些能力较强智慧较多的人，
就教人们去用火和其他的新发现
来改变他们以前的生活方式。
帝王开始建立城市和筑建城砦，
来做他们自己的堡垒和庇护所，

并且把牲畜和田地分给各人，
按照各人的美丽、体力和能力，
因为在那时候，美丽很被重视，
而体力也很有它自己的极高的权利。
此后，财产出现了，黄金被发现了，
它们不久就把强者美者的荣誉剥掉……
人们武装着骑上了马背，
用缰绳控制马匹，同时空出右手
来挥舞武器，这种事乃是早于
乘两匹马的战车去投入战争的风险……
至于服装，粗简地编成条块当做衣服来穿，
比穿纺织的衣服要来得早；
纺织的布是在铁发现之后才有， 141
因为在纺织的技艺中需要铁。①

卢克莱修，《物性论》，莱瑟米（R. Lathamy）译，（1951 年）伦敦，卷 5，pp. 199—213。

这一关于技术与社会变化的描述，比起文艺复兴时期的所有著述更为现代。

比卢克莱修晚一代的维吉尔（前 70—前 19）是另一位具有历史意识的诗人，这种变化意识融入了《埃涅阿斯》中。当然，诗歌在某种意义上是非历史的；维吉尔将他那个时代罗马的一些特征投射到遥远的往昔。但他是有意识地这样做的，以此表明他那个时代的罗马是从远古的罗马发展而来，并与它相联系。与荷马的不同，维吉尔的人物自身具有过去和未来的意识。同彼特拉克的《阿非利加》（仿自《埃涅阿斯》）一样，《埃涅阿斯》是某种意义上的“历史小说”。

---

① 〔古罗马〕卢克莱修，《物性论》，方书春译，商务印书馆，2009 年版，第 351—377 页。（略有改动）

贺拉斯(Horace,前65—前8)在他的《诗艺》(*Art of Poetry*)中也表现出变化的意识。他意识到罗马人服饰的变化,并把早期罗马人称作"围着腰巾的科特古斯"(*cinctuti Cethegi*),因为大约两百年前,罗马人像马尔库斯·科内留斯·科特古斯(M. Cornelius Cethgus)那样,在他们的宽大长袍下方围一条腰布或腰带(*cinctus*)。他意识到语言也变化,并将文字的生命比作人的生命,老旧者死去,新生者茁壮成长。《诗艺》中的这段描述又是乔叟关于文字与习俗变迁的源头(前文,第39页)。这样,一个时代的历史意识又激起了另一时代的历史意识。

人们经常强调古希腊人缺乏历史透视意识。有观点认为现代历史思想源自古希腊思想(着重理性解释)与希伯来思想(偏重动态的、线性的历史解释)的融合。而我想要强调的是这个事实(比较受忽视),罗马人确实具有希腊人所缺乏的历史透视意识,而犹太人并不具备,他们的线性历史解释,是一种形而上的解释——他们将以色列历史看作上帝诺言的实现——这与我在本书中所定义的经验的时序意识或变化意识毫无关联。在这一方面,中世纪历史学家追随犹太人,而文艺复兴时期历史学家则效法古罗马人。

第七章　历史与社会 142

1　从文艺复兴至 19 世纪

我希望本书没给人留下这样的印象，即历史思想上所有伟大的进步都发生在彼特拉克与斯宾诺莎期间，尽管这一时期非常重要。为了纠正这可能出现的印象，简略描述一下后期的发展也许是个好主意。

17 世纪后期更是一个历史研究而非历史著述的时代。让·马比荣的《古文书学》是判定彼特拉克、瓦拉及其追随者所发现文献真实性的法典。迪康热（Du Cange）1688 年出版的古典晚期和中世纪拉丁语词典，成为必不可少的参考书。它也是建立在文艺复兴时期发现的基础上，即语言随时间而发生变化。

18 世纪兴起社会史，或“公民史”（civil history），如它的先驱那不勒斯人吉安诺内（Giannone，1676 – 1748）所称呼的。那时历史学家们首次论及贸易和趣味、法律和文学、道德和音乐等。吉本（Gibbon）、休谟（Hume）和罗伯逊（Robertson）都在篇章中论述这些主题。伏尔泰（Voltaire）不仅在他的《路易十四时代》（*Age of Louis XIV*）中写下这类章节，而且将他的整部著作《风俗论》（*Essay on Manners*，1756 年）用来专论文化和社会史。历史解释更多从社会而非个人的角度给出。如平衡观念成为历史学家的解释素养的组成部分，吉本把罗马帝国的衰亡视为“无节制扩张带来的自然而无可避免的后果”。马克思的经济的历史解释建立在 18 世纪的基础上。与此同时，历史学家倾向于接受人性本质上相同的观点，而放

弃了文艺复兴时期对变化的兴趣。启蒙运动的理想就是“哲学历
143 史学家”，而哲学精神，按照 18 世纪的定义（我们愿意使用“科学的”一词），主要在于视特殊性为普遍性的一个范例的天赋才能；表明研究中的历史事件遵照普遍法则的天赋才能。正如休谟在他的历史研究论文中所言：

> 历史的主要用途在于发现人性的普遍而永恒的原则……战争、阴谋、宗派与革命等的记载是如此众多实践的集成，政治家或道德哲学家根据它们确定其学科原则。

这样的态度，与现代社会学家或政治学家的相类。它是在修昔底德和马基雅维利的传统中，而与历史透视意识不相容。似乎历史学家不能同时意识到社会和个人的共性与差异性，以牺牲年代学为代价来征服社会学领域。

18 世纪末开始反对这种“哲学的”思考方式，并与浪漫主义运动的兴起相关联。启蒙运动与浪漫主义思想的根本区别之一在于人的概念不同。浪漫主义者声称没有“普遍而永恒的人性原则”，相反，不同的个人、民族和时代，人性各不相同。这一观点主要由赫尔德（J. G. Herder, 1744－1803）在他的《人类历史哲学的观念》（*Outlines for a Philosophy of the History of Man*, 1784—1791）中提出。他沉迷于新奇而原始的事物，并认为历史学家可通过“移情”（*Einfühlung*）来理解它。类似地，丹麦历史学家尼布尔（B. G. Niebuhr, 1776－1831）批评孟德斯鸠对待古罗马人如同他们是 18 世纪法国人。他认为理解过去的“相异性”（otherness）是历史学家的责任，在其著作中，他强调了古罗马人的原始方面。

因此，在 19 世纪初，历史学家重新发现了时序意识，对于他们中的一些人比对于所有文艺复兴时期历史学家变得更加敏锐。并且不仅仅是对于这些历史学家，还对于所有受过教育的人。正是在这一时期，历史剧和历史小说开始出现，也即这些戏剧和小说尽力不使人物的心理现代化。这场新运动起始于歌德（Goethe,

1749 - 1832)，歌德与赫尔德在二十多岁时成为朋友，并在他的鼓 144
励下从德国历史中选取题材。歌德的戏剧《格茨·冯·贝利欣根》(*Götz von Berlichingen*，1771 年)的情景设置于 16 世纪的德国；历史小说的创始人司各特(Scott，1771 - 1832)受其影响，创作了《艾凡赫》(*Ivanhoe*，1820 年)和《昆廷·德沃德》(*Quentin Durward*，1823 年)；司各特又激发了意大利人曼佐尼(Manzoni，1785 - 1873)的灵感，他的杰作《待嫁的新娘》(*Betrothed*，1825 - 1827)的情节发生在 17 世纪的米兰。与此同时，对于服装的时序意识日益增加。在英国，1823 年特鲁里街剧院(Drury Lane)上演莎士比亚的作品《约翰王》(*King John*)，据说第一次尝试纠正中世纪的服装。

19 世纪对于过去的发现与文艺复兴时期的惊人相似，是在一段断层后的继续和强化。语言学再次起到关键性的作用，只是尼布尔取代了瓦拉。法律史学派再次出现，萨维尼(Savigny，1779 - 1861)取代了阿尔齐亚蒂(Alciati)和居亚斯。萨维尼在柏林任教，认为法律同语言一样，有着逐渐发展或生长的过程，他最伟大的学生是语言学家雅各布·格林(Jakob Grimm)。艾齐霍恩(Eichhorn)继承斯宾诺莎中断的事业，将《圣经》当作历史文献，他是赫尔德另一位朋友，也是著名的《旧约导论》(*Introduction to the Old Testament*，1780 - 1783)的作者。而正如文艺复兴时期建筑模仿古典时期，19 世纪初则是哥特式建筑复兴的年代。

不仅是在历史透视意识方面，19 世纪初与文艺复兴时期相像。对于原始材料的批评经历了另一场革命，是早期革命的继续与强化。正如阿克顿(Acton)勋爵在这个世纪后期所言，他那个时代的历史学家处在“文献时代的起点，倾向于让历史独立于历史学家之外”。阿克顿认为兰克(Ranke，1795 - 1886)是“不懈研究档案的真正创始人”。他第一个认真运用威尼斯使节的报告作为历史材料，并希望使用这些材料撰写历史“如实际发生的那样”(*wie es eigentlich gewesen ist*)。16 世纪的斯莱登(前文，第 124 页)已预示了这一规则以及较低程度的实践，现在向前更进了一步。当时的兴趣普遍从叙事材料或"编年史"转向文献材料或"记录",依据是这些记录更为可靠。

与此同时,非文字材料得到了空前的重视,并导致了"史前
145 史"——在书写发明前的时代的历史——的发现。丹麦国家古物博物馆馆长托马森(Thomsen)将他的藏品分为三个时代:石器时代、青铜时代和铁器时代,并于1836年发表了这一分类目录。结果摧毁了圣奥古斯丁和文艺复兴作家都熟悉的6 000年世界的观念,而代之以更长的人类历史。这一分类方法是现代考古学与文艺复兴时期古物学之间的重要区别,而它是从后者发展起来的;另一个重要区别就是19世纪中期古物发掘成为一项科学技术,代替了为收藏古物而寻找物品的方式。新技术的先驱是施利曼(Schliemann,1822-1890),他发现了特洛伊城,挖开一座土丘并区分了不同时期占用的七个地层。另一位先驱是皮特-里弗斯(Pitt-Rivers,1827-1900),他在自己位于英国的庄园里发掘古墓,并仔细地逐件记录每件物品的发现地,因为物品的位置同物品本身一样是重要的历史证据。

2 比较的方法

以我在本书中所定义的历史意识的发展,发生在西方传统的范围内,从希腊到罗马,从文艺复兴时期到浪漫主义时期。它局限于西方的传统吗?在很大程度上是这样的。在非西方文明中,认为历史著述是一件重要活动的是中国,始自汉代(从公元前206年)以来。但中国历史学家整体上缺乏历史透视意识、证据意识和对解释的兴趣。让我对这些概述作简要论证。

首先,缺乏历史的透视。有些孤立的篇章可能有悖这一概述,但为数不多。其中最著名的一篇来自庄子的著作,他活跃于公元前4世纪。

> 古今非水陆与?周鲁非舟车与?今蕲行周于鲁,是犹推舟于陆也。(《天运篇》)

庄子，韦利（A. Waley），《中国古代思想的三种方法》（*Three Ways of Thought in Ancient China*），（1956 年版）纽约，p. 19。

这段文字表明儒家过于遵从传统，因而缺乏历史的透视。庄子 146
属道家而反对儒家，但最终是儒家获胜。要是道家获胜的话，历史与科学可能会得到比实际情况更早、更远的发展。

约两千年后的王船山（1619—1692）表现出时序意识，认为古代的制度不适用于现代，非常类似于前文提到的霍特曼（前文，第34 页）。

以古之制，治古之天下，而未可概之今日者，君子不以立事……势异局迁……而就事论法，因其时而酌其宜。

王船山，译文见白乐日（E. Balazs），《政治理论与执政现实》（*Political Theory and Administrative Reality*），（1965 年）伦敦，p. 42。

王船山也未能在反对儒家正统方面取得进展。时序意识仅在一个领域得到发展——美术。中国画家经常模仿那些活跃于数世纪前的大师的风格。

中国历史学家还普遍地缺乏历史证据的特性与局限性的敏锐意识。正如他们缺乏历史意识是因为他们相信传统，因此，可能有人认为，他们缺乏证据意识是因为有太多的记录，而非太少。传统的政治事件的主要材料是皇帝的“起居注”，这至少可以追溯至汉代。在唐代（618—907），有两位日志记载者站在王座的左右两边，站在左边的人记录皇帝的行为，右边的人记录皇帝的言词，每一季节结束便交付史官。来自各州府和官署的报告也提交上去。而所著的历史，展示的是这种“官僚制”的优与劣。官方文献只是被传抄，并未得批评。官方版本的历史只能被接受。两位思想家大胆挑战这一体系的疑虑，生动地说明了它的力量。

147 在刘知几(661—721)的一段文字(但愿它能引起某些文艺复兴时期人文主义学者的注意)中,他反对篡改历史人物的真实言语,如将传统的典故置于野蛮统治者之口。

> 若事皆不谬,言必近真,庶几可与古人同居,何止得其糟粕而已。(《言语》)
>
> 《中日史学家》(*Historians of China and Japan*),比斯利(Beasley)和普利布兰克(Pulleyblank)编辑,(E. G. Pulleyblank)译,(1961年)伦敦,p. 147。

而刘知几渴望创新的愿望,让他自己局促不安,正如他所承认的。

> 将恐致惊末俗,取咎时人,徒有其劳,而莫之见赏。所以每握笔叹息……
>
> (同上书,p. 138)

司马光(11世纪)更具有批评意识。像刘知几一样,他的注意力不是集中于史家依记录著史时的错误,而是集中于到手之前记录中已有的错误,即解决自相矛盾的问题。他在写给助手范祖禹的著名信函中(《答范梦得》),讨论了唐代历史的问题。

> 若彼此年月事迹有相违戾不同者,则请选择一证据分明、情理近于得实者,修入正文,余者注于其下,仍为叙述所以取此舍彼之意……其《实录》正史未必皆可据,杂史小说未必皆无凭,在高鉴择之。
>
> (同上书,p. 162)

西方历史感中的第三个标准是对解释的兴趣,这在中国的历史

学家中也是普遍地缺乏，除了司马迁（前145—约前90）以外。他 148
在《报任安书》中描述了其著作计划：

> 网罗天下放失旧闻，考之行事，稽其成败兴坏之理，凡百三十篇，亦欲以究天人之际，通古今之变，成一家之言。
>
> 《中国文学选集》，伯奇（C. Birch）编辑，海托华（J. R. Hightower）译，（1965年）伦敦，p. 126。

而在他实现其抱负之前，灾难突然降临，后继者眼界有所不逮。中国史学家总是囿于单纯地述说事实。即便提供解释，也通常呈程式化。热衷于朝代循环的观点——认为王朝由品德高尚的英雄人物所建立，而衰败于软弱无德之君王，个人的这些特征为朝代更迭提供了解释。实际上这是神话，而非历史；是循环论证，如果某个人是王朝的最后统治者，他注定要被描绘成具有“失败者”的特征。这一神话显然是新王朝的“许可状”，由其史官所撰。中国历史中其他一些简略的解释也是如此频繁地出现，以致形成了固定的程式，有时押头韵或押尾韵，如官逼民变或内乱外患等。无需太多的想象便可以将中国人对历史解释的态度与官僚制社会官史的其他特征联系起来，正如白乐日所言，“历史是官者为官者而作的”。

3　走向历史社会学[①]

在本书框架内研究中国史学家的意义在于表明，为何文艺复兴时期有其独特的历史意识。通常更容易意识到影响思考的社会因素，当它们在另一种文化中仍发挥作用之际。对于阅读中国历史 149
的西方人来说，因为中国社会的某些特征，它们显然就是以这种方式写成的；如因为它是传统主义的、官僚制的。更概括地讲，我想表明的是，在人们忘记了过去的社会里，历史透视意识是不可能

---

① 下面的结束语旨在提出临时的来不及证明的解释性假说。——原注

的；在一个将过去与现在相等同的社会也是不可能的，只有在二者之间方有可能。

为何在一些社会中人们忘记了过去？因为，正如人类学研究原始社会所表明的（前文，第19页），口头传统倾向于以今度古，看来读写能力对于历史透视意识是必需的。又为何在一些社会中人们将现在等同于过去？很可能是社会变化的步伐缓慢，人们没有经历与过去的差异。这一解释模式要是成立的话，就可以解释具有历史透视意识的三个时期：古代晚期、文艺复兴时期，尤其是法国革命和工业革命后的欧洲。中国有读写能力而没有快速的社会变迁，而希腊在修昔底德时代有社会变迁而没有广泛的读写能力，二者都缺乏这种透视意识。有趣的是，文艺复兴时期的人们意识到过去不同于现在，也是发现更广阔世界的时代——意识到他处的不同；同时它还是乌托邦文学的时代——意识到将来会有不同。也许这三个方面想象力的扩展是相互联系的。伽利略在17世纪初赞扬物质世界的变化，当时也正是历史学家更加意识到人类世界变化的时代。

另外，历史怀疑主义的兴起，对于文献和神话的批评也很有可能与15至17世纪期间欧洲历史的其他潮流相关。历史怀疑主义与哲学怀疑主义相联系，兴起于伊拉斯谟与笛卡尔期间。隐藏在两种怀疑主义之后的宗教改革，对传统的一次成功的进攻，导致了天主教徒和新教徒互相削弱对方的基础。新教徒怀疑教皇的权威，天主教徒则怀疑《圣经》的权威。隐藏在宗教改革之后的是16世纪的伟大的"知识爆炸"，原因是技术上的，印刷术的发明和传播。印刷术也对历史著述产生了直接影响。当不同版本的原始资料得以出版以及大型图书馆产生之时，历史劳动的条件得到了显
150 著改变。当很容易将一位作者与许多其他人相比较时，他便不再被视为权威了。

最后，文艺复兴时期对历史解释日益增长的兴趣可以从自身得到解释。中世纪编年史主要有两种，教士为教士而写，贵族为贵族而写。因为相反的原因，二者都缺乏解释的兴趣。教士历史学家

对于历史有着过于长期的解释（如我所定义的），在从创世延伸至末日审判的透视中，对于特定事件的任何精确的解释看起来都好像是琐事、枝节问题。贵族历史学家的观点正相反，过于短期的解释；关注骑士所表演的高贵武艺。看重战斗的细节，而非战争发生的原因。文艺复兴时期对于中间层面解释的兴趣，很可能与历史的读者和作者身份的变化有关。取代传教士和骑士的是人文主义者和政治家著述历史，为有教养的平民写作。他们的兴趣是以人为中心，而非以上帝为中心；关注谋略（政治上的和军事上的）而非单打独斗的拳脚之争。在读者和作者身份的这些变化背后，是社会和政治结构的普遍变化；人文主义、城邦、新的君主国的兴起。换句话说，历史著述的历史也是历史自身的一部分。文艺复兴时期的历史意识是由意识、事实和社会变化所决定的。

推荐阅读书目

简要书目，仅限于英文书籍和文章。

1 Renaissance historical thought

F. Gilbert, *Machiacelli and Guicciardini*, Princeton, 1965.

M. P. Gilmore, *Humanists and Juists*, Cambridge, Mass., 1963, (especially 'The Renaissance Conception of the Lessons of History' and 'Individulism in Renaissance Historians')

G. Huppert, *The Idea of Perfect History*, Urbana, 1970.

D. R. Kelley, 'Guillaume Budé and the First Historical School of Law' in *American Historical Review*, 72, 1966-1967.

T. D. Kendrick, *British Antiquity*, London, 1950.

F. J. Levy, *Tudor Historical Thought*, San Marino, 1967.

J. G. Mann, 'Instances of Antiquarian Feeling in Medieval and Renaissance Art', in *Archaeological Journal*, 89, 1932.

J. Pocock, *the Ancient Constitution and the Feudal Law*, Cambridge, 1957.

F. Saxl, 'Jacopo Bellini and Mantegna as Antiquarians' in his *Lectures*, London, 1957.

R. H. Tawney, 'Harrington's Interpretation of his Age' in *Proceedings of the British Academy* 27, 1941.

R. Weiss, 'Petrarch the Antiquarian' in *Studies in Honour of B. L. Ullman*, Rome, 1964.

R. Weiss, *The Renaissance Discovery of Classical Antiquity*, Oxford, Blackwell, 1969.

2 Other Preiods

E. Balazs, 'History as a Guide to Bureaucratic Practice' in his *Chinese Civilisation and Bureaucracy*, New Haven, 1964.

M. Bloch, *Feudal Society*, English trans. , London, 1961 (ch. vi, viii).

H. Butterfield, *Man on His Past*, Cambridge, 1955.

R. C. Dentan, ed. , *The Idea of History in the Ancient Near East*, New Haven, 1955.

E. Eisenstein, A. Momigliano and others, *History and Theory*, Beiheft 6,1966.

M. Finley, 'Myth, Memory and History' in *History and Theory*, 4,1965.

C. W. Jones, *Saints' Lives and Chronicles in Early England*, Ithaca, 1947.

A. Momigliano, *Studies in Historiography*, New York, 1966.

E. Neff, *The Poetry of History*, New York, 1947 (on the 19th century).

J. Pocock, 'The Origins of the Study of the Past' in *Comparative Studies in Society and History*, 5,1962 - 1963.

E. G. Pulleyblank, 'Chinese Historical Criticism' in Beasley and Pulleyblank, eds. , *Historians of China and Japan*, Oxford, 1961.

T. R. Tholfsen, *Historical Thinking*, New York, 1967.

H. R. Trevor-Roper, 'The Historical Philosophy of the Enlightenment' in T. Besterman, ed. , *Studies on Voltaire and the 18th century*, XXIV/XXVII, Oxford, 1962.

I. Watt and J. Goody, 'The Consequences of Literacy' in *Comparative Studies in Society and history*, 5 1962 - 1963, reprinted in J. Goody, ed. , *Literacy in Traditional Society*, Cambridge, 1968.

G. Williams, *Tradition and Originality in Roman Poetry*, Oxford, 1968 (excursus, 'The Roman View of Historical Explanation').

作品编年表

1350 Petrarch's letter to Livy

1355 Petrarch, *On the falsity of the Privilege*

1415 Bruni, *History of the Florentine people*

1439 Valla, *Donation of Constantine*

1446 Biondo, *Rome Restored*

1449 Valla, *Annotations on the New Testament*

1459 Biondo, *Rome Triumphant*

1496 Colet, *Lectures on St. Paul to the Corinthians*

1499 P. Verfil, *On Inventors*

1514 Budé, *On the as*

1516 Erasmus, *Life of Jerome*

1532 Machiavelli, *Florentine Histories* (posthumous publication)

1550 Vasari, *Lives*

1555 Vico, *Discourses on Ancient Medals*

1560 Patrizzi, *Ten dialogues on History*

1560 Pasquier, *Researches about France* (Book I)

1561－1567 Guicciardini, *History of Italy* (posthumous publication)

1566 Bodin, *Method*

1566 Cujas, ed., *The Book of Fiefs*

1567 Hotman, *Anti-Tribonian*

1586 Camden, *Britannia*

1614 Casaubon, *On Sacred Matters*

1614 Selden, *Titles of Honour*

1618 Selden, *History of Tithes*

1619 Sarpi, *History of the Council of Trent*

1623 Bacon, *De Augmentis* (Latin version of Advancement of Learning)

1630 Davila, *Civil Wars in France*

1639 Spelman, *On Feuds* (finished)

1643 Bollandists began The lives of the Saints

1644 Clarendon began his History

1650 Ussher, *Annals of the Old and New Testament*

1656 Harrington, *Oceana*

1666 Daillé, *On the writings known as those of Dionysius*

1670 Spinoza, *Theological-Political Treatise*

索　引

（页码为原著页码，即本书边页码。——译注）

上海三联人文经典书库

已出书目

1.《世界文化史》(上、下) [美]林恩·桑戴克 著 陈廷璠 译
2.《希腊帝国主义》 [美]威廉·弗格森 著 晏绍祥 译
3.《古代埃及宗教》 [美]亨利·富兰克弗特 著 郭子林 李凤伟 译
4.《进步的观念》 [英]约翰·伯瑞 著 范祥涛 译
5.《文明的冲突:战争与欧洲国家体制的形成》 [美]维克多·李·伯克 著 王晋新 译
6.《君士坦丁大帝时代》 [瑞士]雅各布·布克哈特 著 宋立宏 熊 莹 卢彦名 译
7.《语言与心智》 [俄]科列索夫 著 杨明天 译
8.《修昔底德:神话与历史之间》 [英]弗朗西斯·康福德 著 孙艳萍 译
9.《舍勒的心灵》 [美]曼弗雷德·弗林斯 著 张志平 张任之 译
10.《诺斯替宗教:异乡神的信息与基督教的开端》 [美]汉斯·约纳斯 著 张新樟 译
11.《来临中的上帝:基督教的终末论》 [德]于尔根·莫尔特曼 著 曾念粤 译
12.《基督教神学原理》 [英]约翰·麦奎利 著 何光沪 译
13.《亚洲问题及其对国际政治的影响》 [美]阿尔弗雷德·马汉 著 范祥涛 译
14.《王权与神祇:作为自然与社会结合体的古代近东宗教研究》

（上、下）　［美］亨利·富兰克弗特　著　郭子林　李　岩　李凤伟　译

15.《大学的兴起》　［美］查尔斯·哈斯金斯　著　梅义征　译

16.《阅读纸草，书写历史》　［美］罗杰·巴格诺尔　著　宋立宏　郑　阳　译

17.《秘史》　［东罗马］普罗柯比　著　吴舒屏　吕丽蓉　译

18.《论神性》　［古罗马］西塞罗　著　石敏敏　译

19.《护教篇》　［古罗马］德尔图良　著　涂世华　译

20.《宇宙与创造主：创造神学引论》　［英］大卫·弗格森　著　刘光耀　译

21.《世界主义与民族国家》　［德］弗里德里希·梅尼克　著　孟钟捷　译

22.《古代世界的终结》　［法］菲迪南·罗特　著　王春侠　曹明玉　译

23.《近代欧洲的生活与劳作(从 15—18 世纪)》　［法］G. 勒纳尔　G. 乌勒西　著　杨　军　译

24.《十二世纪文艺复兴》　［美］查尔斯·哈斯金斯　著　张　澜　刘　疆　译

25.《五十年伤痕：美国的冷战历史观与世界》(上、下)　［美］德瑞克·李波厄特　著　郭学堂　潘忠岐　孙小林　译

26.《欧洲文明的曙光》　［英］戈登·柴尔德　著　陈　淳　陈洪波　译

27.《考古学导论》　［英］戈登·柴尔德　著　安志敏　安家瑗　译

28.《历史发生了什么》　［英］戈登·柴尔德　著　李宁利　译

29.《人类创造了自身》　［英］戈登·柴尔德　著　安家瑗　余敬东　译

30.《历史的重建：考古材料的阐释》　［英］戈登·柴尔德　著　方　辉　方堃杨　译

31.《中国与大战：寻求新的国家认同与国际化》　［美］徐国琦　著　马建标　译

32.《罗马帝国主义》　［美］腾尼·弗兰克　著　宫秀华　译

33.《追寻人类的过去》 [美]路易斯·宾福德 著 陈胜前 译
34.《古代哲学史》 [德]文德尔班 著 詹文杰 译
35.《自由精神哲学》 [俄]尼古拉·别尔嘉耶夫 著 石衡潭 译
36.《波斯帝国史》 [美]A. T. 奥姆斯特德 著 李铁匠等 译
37.《战争的技艺》 [意]尼科洛·马基雅维里 著 崔树义 译 冯克利 校
38.《民族主义:走向现代的五条道路》 [美]里亚·格林菲尔德 著 王春华等 译 刘北成 校
39.《性格与文化:论东方与西方》 [美]欧文·白璧德 著 孙宜学 译
40.《骑士制度》 [英]埃德加·普雷斯蒂奇 编 林中泽 等译
41.《光荣属于希腊》 [英]J. C. 斯托巴特 著 史国荣 译
42.《伟大属于罗马》 [英]J. C. 斯托巴特 著 王三义 译
43.《图像学研究》 [美]欧文·潘诺夫斯基 著 戚印平 范景中 译
44.《霍布斯与共和主义自由》 [英]昆廷·斯金纳 著 管可秾 译
45.《爱之道与爱之力:道德转变的类型、因素与技术》 [美]皮蒂里姆·A. 索罗金 著 陈雪飞 译
46.《法国革命的思想起源》 [法]达尼埃尔·莫尔内 著 黄艳红 译
47.《穆罕默德和查理曼》 [比]亨利·皮朗 著 王晋新 译
48.《16世纪的不信教问题:拉伯雷的宗教》 [法]吕西安·费弗尔 著 赖国栋 译
49.《大地与人类演进:地理学视野下的史学引论》 [法]吕西安·费弗尔 著 高福进 等译 [即出]
50.《法国文艺复兴时期的生活》 [法]吕西安·费弗尔 著 施诚 译
51.《希腊化文明与犹太人》 [以]维克多·切利科夫 著 石敏敏 译
52.《古代东方的艺术与建筑》 [美]亨利·富兰克弗特 著 郝

海迪　袁指挥　译

53.《欧洲的宗教与虔诚:1215—1515》［英］罗伯特·诺布尔·斯旺森　著　龙秀清　张日元　译

54.《中世纪的思维:思想情感发展史》［美］亨利·奥斯本·泰勒　著　赵立行　周光发　译

55.《论成为人:神学人类学专论》［美］雷·S.安德森　著　叶汀　译

56.《自律的发明:近代道德哲学史》［美］J.B.施尼温德　著　张志平　译

57.《城市人:环境及其影响》［美］爱德华·克鲁帕特　著　陆伟芳　译

58.《历史与信仰:个人的探询》［英］科林·布朗　著　查常平　译

59.《以色列的先知及其历史地位》［英］威廉·史密斯　著　孙增霖　译

60.《欧洲民族思想变迁:一部文化史》［荷］叶普·列尔森普　著　周明圣　骆海辉　译

61.《有限性的悲剧:狄尔泰的生命释义学》［荷］约斯·德·穆尔　著　吕和应　译

62.《希腊史》［古希腊］色诺芬　著　徐松岩　译注

63.《罗马经济史》［美］腾尼·弗兰克　著　王桂玲　杨金龙　译

64.《修辞学与文学讲义》［英］亚当·斯密　著　朱卫红　译

65.《从宗教到哲学:西方思想起源研究》［英］康福德　著　曾琼　王涛　译

66.《中世纪的人们》［英］艾琳·帕瓦　著　苏圣捷　译

67.《世界戏剧史》［美］G.布罗凯特　J.希尔蒂　著　周靖波　译

68.《20世纪文化百科词典》［俄］瓦季姆·鲁德涅夫　著　杨明天　陈瑞静　译

69.《英语文学与圣经传统大词典》［美］戴维·莱尔·杰弗里(谢大卫)主编　刘光耀　章智源等　译

70.《刘松龄——旧耶稣会在京最后一位伟大的天文学家》［美］斯坦尼斯拉夫·叶茨尼克 著 周萍萍 译
71.《地理学》［古希腊］斯特拉博 著 李铁匠 译
72.《马丁·路德的时运》［法］吕西安·费弗尔 著 王永环 肖华峰 译
73.《希腊化文明》［英］威廉·塔恩 著 陈恒 倪华强 李月 译
74.《优西比乌：生平、作品及声誉》［美］麦克吉佛特 著 林中泽 龚伟英 译
75.《马可·波罗与世界的发现》［英］约翰·拉纳 著 姬庆红译
76.《犹太人与现代资本主义》［德］维尔纳·桑巴特 著 艾仁贵 译
77.《早期基督教与希腊教化》［德］瓦纳尔·耶格尔 著 吴晓群 译
78.《希腊艺术史》［美］F·B·塔贝尔 著 殷亚平 译
79.《比较文明研究的理论方法与个案》［日］伊东俊太郎 梅棹忠夫 江上波夫 著 周颂伦 李小白 吴玲 译
80.《古典学术史：从公元前6世纪到中古末期》［英］约翰·埃德温·桑兹 著 赫海迪 译
81.《本笃会规评注》［奥］米歇尔·普契卡 评注 杜海龙 译
82.《伯里克利：伟人考验下的雅典民主》［法］樊尚·阿祖莱 著 方颂华 译
83.《旧世界的相遇：近代之前的跨文化联系与交流》［美］杰里·H.本特利 著 李大伟 陈冠堃 译 施诚 校
84.《词与物：人文科学的考古学》修订译本 ［法］米歇尔·福柯 著 莫伟民 译
85.《古希腊历史学家》［英］约翰·伯里 著 张继华 译
86.《自我与历史的戏剧》［美］莱因霍尔德·尼布尔 著 方永 译
87.《马基雅维里与文艺复兴》［意］费代里科·沙博 著 陈玉聃 译

88.《追寻事实:历史解释的艺术》 [美]詹姆士 W.戴维森 著 [美]马克 H. 利特尔著 刘子奎 译
89.《法西斯主义大众心理学》 [奥]威尔海姆·赖希 著 张峰 译
90.《视觉艺术的历史语法》 [奥]阿洛瓦·里格尔 著 刘景联 译
91.《基督教伦理学导论》 [德]弗里德里希·施莱尔马赫 著 刘平 译
92.《九章集》 [古罗马]普罗提诺 著 应明 崔峰 译
93.《文艺复兴时期的历史意识》 [英]彼得·伯克 著 杨贤宗 高细媛 译

图书在版编目(CIP)数据

文艺复兴时期的历史意识/[英]彼得·伯克著;杨贤宗,高细媛译. —上海:上海三联书店,2017.12
(上海三联人文经典书库)
ISBN 978-7-5426-6159-3

Ⅰ.①文… Ⅱ.①彼…②杨…③高… Ⅲ.①史学史—研究—西方国家—中世纪 Ⅳ.①K091

中国版本图书馆 CIP 数据核字(2017)第 305929 号

文艺复兴时期的历史意识

著　　者 / [英]彼得·伯克(Peter Burke)
译　　者 / 杨贤宗　高细媛

责任编辑 / 黄　韬
装帧设计 / 夏艺堂
监　　制 / 姚　军
责任校对 / 张大伟

出版发行 / 上海三联书店
(201199)中国上海市都市路 4855 号 2 座 10 楼
邮购电话 / 021-22895557
印　　刷 / 上海盛通时代印刷有限公司

版　　次 / 2017 年 12 月第 1 版
印　　次 / 2017 年 12 月第 1 次印刷
开　　本 / 640×960　1/16
字　　数 / 150 千字
印　　张 / 11.75
书　　号 / ISBN 978-7-5426-6159-3/K·446
定　　价 / 42.00 元

敬启读者,如发现本书有印装质量问题,请与印刷厂联系 021-37910000